JN079491

空き家になる前の空き家対策

所有者とともに
まちを変える方法

氏原岳人・石田信治・織田恭平 著

学芸出版社

はじめに

氏原岳人

どのようにして、「空き家を生まないコミュニケーションアプローチ」が生まれたか？

　これまでの私たちの取り組みの変遷を説明することで、読者の皆さまに「どのようにして、空き家を生まないコミュニケーションアプローチが生まれたか？」をご紹介します。2015年の空家対策特別措置法の施行をきっかけに、全国のさまざまな自治体では、空家等対策計画を策定することになりました。あわせて、空き家の実態把握のために、空き家の空間的な位置や質に関するデジタルデータも急速に整備されました。私たちの研究室でも、そのデータを活用し、空き家の空間分布を把握するとともに地域環境（立地条件、インフラ状況、世帯属性など）との関連性を定量的に明らかにすることで、まちづくり（具体的には住宅地の作り方）と空き家発生との関連を紐解こうとしました。少し専門的になりますが、空き家の発生確率（結果）と地域環境（原因）との関係性を数学的なモデルの構築によって明らかにする研究です。しかし、たくさんの時間や労力を費やしても、説明力の高いモデルは出来上がりません。それは、いま考えれば至極当然です。空き家の発生には、その地域の環境だけでなく、住宅所有者の意識や意向もずいぶんと関わっているからです。

　それ以降、私たちは空き家所有者に焦点を当てた研究にシフトしていきます。まずは、空き家を所有する方々の実態を把握するためのアンケート調査を実施しました。そこから分かったことは、空き家所有者は「若くない」「近く

にいない」「建物に関心がない」ということでした。私は、これを「空き家所有者の３つの"ない"」と呼んでいます。特に、そもそも「建物に関心がない」は、空き家問題の根本的な原因でもあります。たとえば、世の中に空き家があまり流通しないことも、老朽化した空き家が放置されたままであることも、この関心の低さが主因になっています。つまり、空き家を所有する方々の意識の低さこそが、さまざまな課題の本質だと感じました。

　一方で、行政による空き家対策は、空き家活用や空き家バンクなどの空き家発生後の対策がほとんどで、それも空き家になった後ずいぶん経過したものを対象としています。また、空き家の発生抑制に関する対策に至っては、現場の蓄積がほとんどありません。空き家対策に関わった方はご存知の通り、空き家は時間が経てば経つほど、建物の老朽化、所有者自身の問題、権利関係など、その解決は困難になります。つまり、空き家対策は早ければ早いほどよいのですが、現状の空き家対策は、このような難易度の非常に高くなった建物を相手にしています。特定空家などの老朽空き家の対策も必要ですが、空き家の蛇口を閉めるような先手の空き家対策も考えなければなりません。

　そこで、私たちは、「空き家になる前の早期の段階から、自宅の将来について考えてもらい、自発的に行動してもらう」ような「空き家になる前の空き家対策」ができないかと考えました。ちょうどそのころ私たちの研究室は、渋滞緩和のために、自家用車利用を抑制し、徒歩や自転車、公共交通などを利用していただくプロジェクトを民間企業や行政とともに実施していたので、その影響もありました。そこではモビリティ・マネジメント（MM）と呼ばれる手法を用いていました。MMとは、コミュニケーションによって直接的に人々に働きかけることで、自家用車だけでなく

公共交通や徒歩、自転車を自発的に選択してもらうための行動変容の手法で、交通計画分野で多くの実践的な蓄積がありました。この MM の考え方を援用して、空き家になる前の（現在住んでいる）住宅所有者のための行動変容の手法を確立できないだろうかと考えました。そして気づくと、空き家などの膨大なデジタルデータを PC 上で解析する研究は、空き家問題の所在を理解する過程で、まちづくりの現場に出かけて、1 人ひとりを相手にするような行動変容研究に変わっていきました。

　さっそく、この MM の考え方を用いて、2019 年から試験的に、空き家になる前の住宅の所有者を対象にした、空き家の発生を未然に防ぐための手法づくりが始まりました。当時は、私と学生、岡山市役所の空き家担当者、そして空き家の共同研究をしていた建設コンサルタント（著者の織田氏）の 4 名というとても小さな体制でした。まずは、岡山市中区にある 300 世帯ほどの小さな団地を対象にしました。すべてが手探りでしたが、それまでの MM の取り組み実績が役立ち、初年度からある程度の成果を得ることができました。ただ、このメンバーだけでは対応できない課題もありました。

　そこで私が所属していた「おかやま空家対策研究会」のメンバーの方々を中心に、私たちの取り組みに関心があり、そして参加したいと思う方を募りました。思いもよらず、建築士や弁護士、司法書士、地元工務店の方など、それぞれ日頃より岡山の空き家に専門的な立場から関わっているスペシャリストの方々が集まってくれました。そして、そのメンバーとともに 2020 年より「岡山・空き家を生まないプロジェクト」が始動しました。

空き家を生まない
コミュニケーションアプローチとは？

　「空き家を生まないコミュニケーションアプローチ」は、STEP 1の「情報提供」と「機会提供」、STEP 2の「専門家の支援」の2段階から構成されています。STEP 1で、行動変容のための情報提供と話し合うためのきっかけをつくり、今暮らしている住宅の所有者に行動変容を促します。STEP 1で具体的に自ら行動してもらえればよいですが、建物の権利関係や相続に関することなど、行動したくても行動できない方々もいます。その場合には、STEP 2にて相談内容に応じて、適切な専門家がサポートする体制をつくりました。このプロセスの中では、住宅所有者やその関係者、そして地域の方々とのコミュニケーションによって行動変容を促していきます。これは決して、強要するものでも押しつけるものでもあってはなりません。話しにくい話題に対して第三者である私たちが住宅所有者や関係する方々の背中をそっと押して、きっかけを与え、その行動を近くから見守ることによって、空き家になることを未然に防ぐ取り組みです。

　この取り組みは、2019年度以降、岡山市内のさまざまな住宅地を対象に規模を拡大しながら続けています。2020年度は岡山市南区にある約600世帯の住宅地を対象にしました。この経験を生かして、コミュニケーションの方法やタイミング、専門的なサポートの方法など、いくつかの改善も加え、2021年度には岡山市北区の約1200世帯を対象に実施しました。それぞれの年度で定量的なエビデンスを収集しながら、少しずつ軌道修正して、望ましい方向を模索してきました。その結果、STEP 1の時点で、アンケートを回収できた方のうち8割程度は、自宅の将来

について家族などと考え、さらに、1〜2割程度には具体的な行動変容（遺言書やエンディングノートの作成、生前贈与の手続きなど）に移行してもらえました。この数値の良否を私たちが判断することは避けますが、空き家対策に深く関わっている方（空き家対策の難しさを理解されている方）にほど、評価をいただいています。

　本書の著者は、それぞれに専門を持ちながらも、いずれもまちづくりの現場をもって活動しており、他業種の方々との連携実績も豊富にあります。そのような経験を生かし、本の構成や内容は、読者の方々がすぐにでもご活用していただけるように工夫しました。まず1章では、「なぜ、空き家になる前の対策が必要か」について、具体的なエビデンスや、著者らのこれまでの個別事例をもとに説明します。次に2章では、私たちがこれまでの現場の中で作り上げた「空き家を生まないコミュニケーションアプローチ」のノウハウを、他地域の実践の場でも適用できるように、私たちの取り組み事例の紹介もふまえて詳述します。最後に3章では、空き家の発生抑制に着目した数少ない先進事例をとりあげてご紹介することで、はじまったばかりの「空き家になる前の空き家対策」の新しいアイデアを生み出すヒントにしてほしいと考えています。

　この本を通じて、空き家になる前の空き家対策の重要性が広く認知され、このコミュニケーションアプローチが全国各所で実践されるようになれば、著者一同、この上ない幸せです。

目次

2章
空き家になる前の空き家対策

3 章
全国の先進事例

1章 | なぜ、
空き家になる前の
空き家対策か

先手の空き家対策が
まちの命運を分ける

▎空き家のないまち、あるまち

　空き家が増えると、私たちの生活にどのような影響があるのでしょうか。ここでは、所有者、コミュニティ、行政という３つの立場に分けて簡潔に説明します。

　まずは、所有者です。空き家として管理せずに放置すれば、当然、建物が劣化したり、庭が荒れてきます。時間が経過すれば不動産の価値は低下しますし、その後、活用したいと思っても、建物状態だけでなく権利関係の複雑化など、さまざまな事情によって、その可能性は低くなります。そうして、所有者だけで終わらず、その親族が労力や費用をかけて持ち続ける、売るに売れない「負動産」になることもあります。

　次に、コミュニティです。そのような荒れた空き家が私たちの住む地域に増えてくると、景観や治安の悪化につながります。だれも荒れた空き家の周辺には住みたくありません。結果的に、地域の魅力を低下させ、その地域の地価の下落や人口減少に拍車をかけることにもつながりかねません。

そして、行政です。都市の内部に空き家や空き地が増える、いわゆる都市のスポンジ化が各所で顕在化すれば、行政の所有するインフラや公共施設の運営は非効率なものとなり、財政の悪化、行政サービスの低下という形で、私たちの生活に跳ね返ってきます。このため、農地などを転用し、都市をどんどん郊外へと拡大させるより、まずは既成市街地内の建物や土地を、空き家や空き地にせずに有効に活用することが望まれます。

　このように、空き家の増加は、所有者の問題から端を発し、まち全体へと広がっていき、空き家を所有しない人々にも影響を及ぼします。だからこそ、一個人一世帯のプライベートな問題としてだけでなく、社会全体の問題として取り組まなければならないのです。ちなみに、私たちの調査では、空き家の発生の程度はその地域によって、全く異なることが分かっています。都市の内部には、深刻な空き家問題を抱えている地域もあれば、空き家が全くない地域も存在しています。これを私たちは「空き家問題の地域格差化」と呼んでいます。空き家の発生の程度には、そのまちのインフラ（道路、区画など）や立地、傾斜や歴史的背景などさまざまな要因がありますが、その土地、建物を所有する方々の意識も非常に重要になってきます。

所有者心理を理解する

自宅の将来に関心なし

　多くの人にとって「自宅」は最大の資産でありながら、その将来について日頃から深く考える機会はあまりありません。自宅のことになると、「（将来は）どうにかなるだろう」とか「子供が（いつか）考えてくれるだろう」と楽観的になる傾向があります。しかし、建物の耐用年数は木造住宅

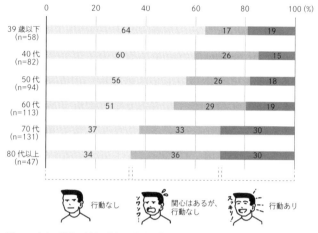

図1-1　自宅の将来に対する関心や行動の有無（住宅所有者の年齢別）

でも 50 年以上あるため、適切な対応をせずに放置すれば、本人の死後もそのまま残り続け、子や孫、そのまた孫の世代やさらには近隣にも迷惑をかけ続けてしまいます。

　図 1-1 は、「今住んでいる自宅の将来を考え、具体的に行動したことがありますか？」と人々に尋ねた結果です。年齢が高くなるほど、「自宅の将来について何かしらの行動をしたことがある（行動あり）」と回答する割合が高くなりました。なお「行動」とは、ウェブや不動産屋などでの情報収集や、登記の確認、遺言書の作成などを指します。一方で 60 代になっても、「行動あり」は 2 割にもなりません。70 代以上になると、その割合は 3 割になりますが、それでも決して多いとは言えず、7 割は具体的な行動に至っていません。

　このように、自宅の将来について積極的ではなく、考えざるをえないタイミングになってから行動している方もいれば、それでも具体的な行動を起こさない方も多いのが現

状です。その理由としては、自分だけですぐに解決できる問題ではなく子供や親族への相談が必要になること、現時点では本人や家族が具体的な損失を被っていないので、その後に起こるであろう問題を想像できていないことなどが挙げられます。先延ばしの結果、十分な準備もないままにそのまま相続され、長らく空き家になるケースが頻発していると類推できます。

空き家になっても関心なし

　さきほどの質問は、自分自身が現在住む建物の将来について尋ねたものですが、ここでは、空き家の所有者を対象に、「なぜ空き家のままにするのか」を尋ねた結果を紹介します（図1-2）。

　その理由として、「リフォーム費用や解体費用をかけたくない」と回答する方が多く、それ以外だと「特に困っていない」や「労力や時間をかけたくない」も多いです。空き家に対して時間やお金をかけたくない気持ちが現れており、裏を返せば、空き家をどうにかしようという意識自体があまり高くないことが読み取れます。これは現時点で、空き家による具体的な損失を被っていないことや、本人がその空き家の近隣に住んでいないことなどが要因と思われます。また、「権利・手続き」の項目を理由とする回答者の割合が全体的に少ないですが、これは、そのことを考える段階に"まだ"至っていないため、よく分かっていないというのが実のところだと思われます。空き家の売却や賃貸などについて真剣に考え始めると途端に、「権利・手続き」の問題が顕在化してくるはずです。なお、空き家の売却に至らない要因としては、「将来、自分や親族が使うかもしれない」や「特に困っていな

種類	課題	(%) n=268
費用・価格	リフォーム費用をかけたくない	68.7
	解体費用をかけたくない	69.0
	取り壊すと固定資産税が高くなる	56.7
	満足できる価格で売却・賃貸できそうにない	47.8
	賃貸・売却の相場が分からない	36.6
権利・手続き	資産として保有しておきたい	32.1
	相続権者が反対している	5.6
	相談先・手続きなどが分からない	18.7
	相続権者が決まっていない	15.7
	担保に入れている	3.0
	地権者が違う	4.1
利用・用途	物置として必要	45.1
	仏壇など捨てられないものがある	37.3
	将来自分や家族が使うかもしれない	40.3
	好きな時に利用や処分ができなくなる	32.1
	更地にしても使い道がない	55.6
住宅	空き家が古い	66.8
	中古戸建てを買う人・借りる人が少ない	55.2
	空き家が狭い	14.9
立地	周辺施設が少ない	26.9
	道路付けが悪い	22.0
	交通の便が悪い	27.6
意識	労力や時間をかけたくない	59.7
	特に困っていない	65.7
	他人に貸すことに不安がある	46.3
	空き家に思い入れがある	29.5

図1-2　なぜ、空き家のままにするのか（空き家所有者）

い」が大きく影響していることも分かっています。

　このように、今住んでいる方だけでなくすでに空き家を保有している方も、その建物の将来に関心がなく、特に困っていないなどを理由に売却や賃貸をせずそのままにしていることが多いと分かります。

これからの空き家対策

空き家対策は3年が勝負

　次に、空き家所有者へ空き家の管理頻度を尋ねました。結果、管理頻度はやはり年数が経過するほど下がっていきます（図1-3）。特に、空き家年数が3年以内の場合には、1ヶ月に1回以上の頻度で管理されている建物が半数以上だったものの、空き家年数4年を超えると、その頻度がガクッと落ち込みます。また、11年以上になると、全く管理されていない、いわば"放置"された空き家も2割と高まります。空き家の管理頻度は、所有者の空き家への関心と捉えることができますが、その関心は3年目が一つのポイントです。

　続いて、空き家の劣化状況について尋ねると、5年目まではその状況に大差はないものの、6年目を超えると管理不全によって部分的な損傷が見られる建物の割合が高くなっています（図1-4）。11年以上になると、建物全体に損傷ができたり、倒壊の危険がある建物も増えてきます。空き家の管理頻度と同様に、建物状況にも明確に変化する閾値のようなタイミングが存在するのです。

　以上から、一般的な傾向としては、空き家への関心の低下によって3年あたりで管理頻度が低下し、それにより5年目以降から建物が劣化し始めているとおおまかに理解することができます。つまり、空き家への関心が相対的に高い状態にある3年目までが、早期の空き家対策を実行する上で重要なタイミングです。

対症療法ではなく原因療法へ

　これまでの分析結果を参考に、「所有者や関係者の建物

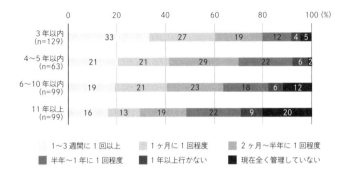

図1-3　空き家年数と管理頻度

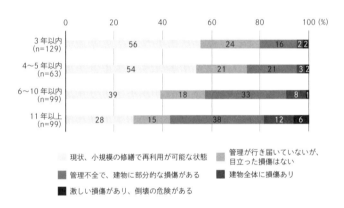

図1-4　空き家年数と建物の劣化状況

への関心の高さ」と「建物の劣化度」との関係性を時系列で図1-5にまとめました。所有者や関係者の建物への関心度は、引き継ぎのタイミングで最も高くなると思われますが、先に述べたように空き家になって3年を過ぎると、格段に下がります。そしてそれにあわせて建物の劣化も早

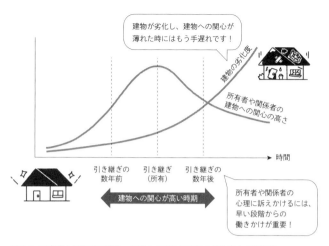

図1-5 所有者や関係者の建物への関心の高さと建物の劣化度との関係性

まっていきます。なお当然ながら、建物が劣化すればするほど空き家の活用の道も限られます。空き家の劣化が進むと、空き家所有者の関心がより低くなり（あきらめも含まれる）、高齢の所有者であればなおさら、市場に流通させるハードルが高まります。

　行政の空き家対策は、この最もハードルの高まったタイミングを対象とすることが多いです。当然、行政からすれば、比較的新しい建物であれば、できるだけ行政が関与せず民間の力によって市場流通することが望ましいと考えます。また、倒壊の危険性のある空き家（いわゆる特定空家）は、周辺住民に被害をもたらす可能性があるため、その対応は自ずと優先度が高くなります。結果、行政の空き家対策は、空き家になった後の、しかもずいぶん経過した難易度の高い物件が対象となりやすいのです。しかし、この段階の対策のみでは、空き家の対症療法（発生後の対策）に

なっても原因療法（空き家の発生抑制）にはなりません。

先手の空き家対策

　ある程度時間が経過した空き家を市場に流通させることは非常に難しいことです。しかも、行政が多大な労力をかけて空き家を1軒活用できたとしても、そのほかに膨大な空き家が残っています。

　対して、空き家になる前あるいは空き家になった早期の段階であれば、所有者の方々の関心も比較的高く、建物状況も良好であるため、空き家にさせないための有効な手立てを考えることができます。本書の考え方は、より可能性の高いタイミングで、先手の施策を積極的に打ってでることによって、空き家の発生を未然に抑えることです。本来ならば、空き家対策は、空き家の発生抑制（原因療法）と発生後の対策（対症療法）の両輪で行われるべきです。しかしすでに述べたように、現在の空き家対策は、空き家バンクや古民家カフェなどに代表されるような活用策や特定空家の除却など、発生後に大きなウエイトが占められています。

　空き家でなくても、相続によって空き家となり放置されれば、いずれ倒壊寸前の特定空家になることは目に見えています。このような特定空家予備軍が今現在どんどん増えている中で、今後行政が手に負えない状況にならないためにも、問題の蛇口を少しでも閉められるような原因療法が必要なのです。

　なお、現状では空き家の原因療法（先手の空き家対策）に関する実績は限られているものの、素晴らしい事例も少しずつ生まれつつあります。こちらについては、第3章にて詳しく紹介します。

実際にあった、
空き家対応の失敗例と成功例

　一般社団法人 岡山住まいと暮らしの相談センターに寄せられた相談をもとに、空き家への対応でよくある失敗事例と成功事例をご紹介します。所有者に対し、先手先手で空き家対策の重要性を伝えられている場合と、そうでない場合の結果の違いがこれらの事例から分かります（下線部に関しては、p.40-41に用語解説があります）。

▌手遅れで失敗した例

その1
生前に相続の意思を確認できていたなら・・

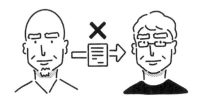

　一郎さんの叔父が亡くなったものの、叔父には子供がいないため、一郎さんは鍵を預かっている自分が彼の自宅の相続人になると思っていました。その後一郎さんはその家をしばらく放置してしまっていましたが、ある日「草木の繁茂が迷惑だ」と近隣から連絡があったことをきっかけに、家の将来を考え始めます。
　10年以上放置されていたため建物は利用しづらい状態でしたが、郊外の閑静な住宅地にあったので、解体費を控除して売却しても土地にはそれなりの価値がありました。この条件なら、通常だと相続登記後の売却が想定されますが、どうも相続関係にある叔父の兄弟が多いことが分かっ

てきました。そこでまずは、司法書士が関係者の戸籍を取り寄せて 相続関係説明図 をつくり、相続人を把握しました。そうすると叔父に兄弟が多数いること、ほとんどが亡くなっていること、さらに 代襲相続 が発生するためその子供たちの多くが関係者になることが判明しました。さらにその中には海外に居住していて生死が分からない方も。結果相続登記は困難を極め、弁護士にも相談し、一部は連絡が取れましたが、ほとんどは消息が不明。通常の相続手続きが不可能だと分かりました。

　この件、相続財産清算人制度 、不在者財産管理人制度、共有物分割請求訴訟 などを使い登記ができるようにすることも考えられますが、お金と時間がかかることが予想されます。だからこそ、叔父が亡くなる前に「一郎に全財産を相続させる」などと遺言をしておけば、すぐに解消しました。彼が住宅のことを考えて専門家に相談する機会があれば良かったのではないでしょうか。

その2
住宅が周囲にもたらす影響が伝わっていたなら・・

　ある日、弟さんが亡くなったと二郎さんに知らされました。弟さんには子供がなく、彼の自宅はとりあえず二郎さんが管理することに。その後二郎さんはその家を3年ほ

ど放置してしまったけれど、まずは片づけようと久しぶりに行ってみると、部屋は生活していたままの状態で一人では片づけられず、片づけ業者に依頼することになりました。

　そして部屋が綺麗になった後も再び放置していたところ、屋根瓦が落ちる、壁が崩れるなど建物が損壊し始めます。しかも敷地は人や車の往来が多い大道路沿い。落下物などで万が一通行人にケガをさせてしまった場合、損害賠償請求を受ける可能性もあります。そのため、二郎さんは急いで建物を解体することにしました。それなりの金額になった解体費は二郎さんの持ち出しとなった上に、更地になったため <u>固定資産税の住宅用地の特例</u> が受けられず、来年度から固定資産税が上がることになりました。その後も売却などの方針を決めかねて保有し続け、固定資産税や草取りなどの維持管理費用を二郎さんが負担し続けています。

　この件、二郎さんや弟さんに対して早い段階で「空き家を放置すると面倒なことになる」と伝えられていたなら、ここまで放置することもなかったかもしれません。

その3
相続の相談先をもっと早く知ってくれていたら・・

　三郎さんは親が亡くなった後、実家を相続することに。もともと古い建物だし、室内には身の回りの物が多量に残

されていたため、忙しい三郎さんはそのまま放置してしまいます。

　しかしさすがにそろそろ何とかしなければと改めて家に訪れたところ、シロアリの被害で柱が損傷し致命的な状態になっていました。また、室内の片付けも含め解体費は相当な金額がかかるため、まずは建物が崩れないうちに現状有姿で売却することを決めます。不動産業者で売却活動を進めてみると、やはり予想通りなかなか引き合いがない。一方、近隣の方から駐車場の土地を探していると問い合わせがありました。そうして三郎さんは一応売却できたものの、現状有姿で片づけ費用や解体費を控除した価格となり、さらに希望の金額では売却できませんでした。

　この件、三郎さんは実家を相続することを事前に分かっていたはずなので、その時点で実家の今後を親と決められていたら良かったはずです。早めに不動産の専門家に相談できる機会があれば、希望の金額で売却できたかもしれません。

その4
自宅のことを考えるきっかけがあれば・・

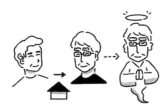

　四郎さんの亡くなったお兄さんの家。しばらくは義理の姉である奥さんが住んでいましたが、その後亡くなり、空き家になっていました。四郎さんはお兄さんと疎遠だったので、空き家になったあともしばらく放置していました。

ある日、空き家の樹木や草木が越境していると近隣から市の担当部署に連絡があり、市から四郎さんのもとに 指導文書 が送られてきます。これをきっかけに四郎さんはいよいよこの空き家を何とかしなければと考え始めました。お兄さんには子供がいないため、相続関係が複雑と予想され、弁護士に相談に行くことに。すると相続権は奥さんと兄弟になっていましたが、奥さんもすでに亡くなっており、奥さんの相続権は 相続人不存在 になりました。その分は 利害関係人 で相続財産清算人の申立・選任をしなければ売却できないことが分かり、相続人と相続財産清算人が共有で売却する必要が出てきました。

　この相続財産清算人制度は、利害関係人が裁判所に申立をすることで、裁判所が弁護士や司法書士などを選任し、相続財産清算人を決めるものですが、申立費用や 予納金 が必要になってしまいます。四郎さんの場合はその後すぐに売却できたため、四郎さんが負担した予納金は返還されましたが、申立にはある程度の費用と時間がかかります。さらに劣化した建物の解体費と、長年放置されていた大木の撤去費、大量の生活道具の片づけ費用もかかり、その費用を控除した価格にならざるを得ませんでした。

　この件、四郎さんのお兄さんが相続の遺言を残しておけば、すぐに解消したのではないでしょうか。そのためには自宅のことを考えるきっかけが必要でした。

その5
住宅価格に詳しい専門家に相談できていたら・・

　1970年代のマイホームブーム。五郎さんも、転勤先だった地方都市の郊外住宅地で家を購入し暮らしていました。その後再び転勤となり、家族全員で転居することに。マイホームは空き家となりました。そして退職後は地元に帰り、その空き家のことを30年ぐらい放置してしまいます。かなり年数が経ってしまったので少し気にし始めていた頃、たまたま市から 空き家所有者向けのアンケート が送られてきました。

　アンケートに回答しながら、いよいよ空き家が気になり売却を決心した五郎さん。家に久々に訪れてみると、ベランダの腐食やシロアリなど多少の被害はありましたが、人気の郊外住宅地ということもあってしばらくすると売却できました。しかし、リフォーム費用なども相当かかり、価格は安くせざるを得ませんでした。

　この件、その家には戻らないことが分かっていた場合、転居後すぐに売却しておけば、当時はバブル崩壊前で全国の地価が高かった頃です。不動産の専門家に相談する機会が身近にあり、先手の空き家対策について知っていれば、30年も放置することがなかったかもしれません。

その6
古い住宅を放置するとどうなるか知っていたら・・

　六郎さんのお兄さんが亡くなってしまいました。お兄さんには子供がいないため、六郎さん兄弟で自宅を相続することに。家は戦後直後に建てられた木造住宅で古く、しばらく放置され劣化が進んでいました。

　ある日空き家の横に近隣の方が車を停めていたところ、瓦が落ちて車に傷がついてしまいました。幸い怪我をさせずにすみましたが、六郎さんは車の修理代を弁償。その後応急処置として防護用ネットをとりつけました。

　それでも劣化が進む空き家。いよいよ解体を検討し業者に見積りを依頼したところ、300万円はかかると言われてしまいます。しかし六郎さん兄弟にはその準備がありませんでした。この場合、現状有姿で売却し買主に建物を壊してもらう方法もありますが、今回は相続登記ができていないため売却できません。さらに相続登記するにも、兄弟の1人が認知症で遺産分割協議ができないことが分かりました。そのため、成年後見人 を付けるしかありませんが、弁護士・司法書士などが就任した場合には認知症の兄弟が亡くなるまで月々の費用がかかってしまいます。

　そしてもう一つ、お兄さんは預金500万円ほどを残していることも分かりました。しかし遺産分割協議ができていないため預金を封鎖されていて、六郎さん兄弟がお金をおろすことができない状況です。結果、兄弟で話し合いを

し、認知症の兄弟には後見人を付けて 遺産分割協議 をして、お兄さんの残した預金で早急に空き家を解体することにしました。

　兄弟の後見人申立→遺産分割協議→預金をおろす→解体発注→解体という流れで、すでに半年間ほど経過しましたが、幸いなことにその間危険な空き家は無事を保ちました。しかし見通しなく急遽更地にしたため、今後売却できるかどうかは分かりません。

　この件、お兄さんが生前に遺言を残すなど自宅の扱いを決めておけば、すぐに解決する問題でした。生前、相続や不動産の専門家に相談できる機会があれば、変わっていたはずです。

　さて、これらの６つの事例を通して何が見えてくるでしょうか。

　国土交通省による「空き家所有者実態調査」（令和元年）＊では、約55％が相続を理由に空き家を取得しています。相続した空き家を放置していると、特に古い建物は劣化が進行して建物の一部が損壊し、近隣にも迷惑をかけてしまうことがあります。特に損壊の激しい建物は、その状態によっては自治体から 特定空家 とされるケースも。さらに2023年に改正空家対策特措法が成立し、「管理不全空家」が定められました。放置すると特定空家になるおそれのある空き家に対して、自治体が指導・勧告できるようになります。そうなる前に、空き家活用を促す一般的な流れとしては、一般的に次の工程に分かれます。

＊ https://www.mlit.go.jp/jutakukentiku/house/R1_akiya_syoyuusya_jittaityousa.html

①関係者で遺産分割協議・相続登記をする

　特に 相続登記 は、2024年4月から義務化されるため注意が必要です。まずは相続人で遺産分割協議と相続登記をします。相続登記は自分で法務局に行くか、司法書士に手続きを依頼しますが、遺産分割協議は相続人同士で所有権をどうするか決める必要があります。

②売却・賃貸など利活用方法を検討する

　空き家を手離すには、他人への売却が最も一般的ですが、もし所有し続けたい場合は賃貸もあり得ます。その他には、建物が古かったり需要が見込める土地の場合は、建物を解体して更地にし、駐車場などとして他人に貸す方法もあります。ただし、更地にすると住宅用地の特例が外れるため、次年度から固定資産税が上がる可能性もあります。やむを得ず売却できない場合は、新設される相続土地国庫帰属法（2023年4月施行）を利用して国に帰属させる方法も検討すべきです。ただし、一定の要件（解体して更地にするなど）が審査され、法務大臣の承認後、10年分の土地管理費相当額の負担金を納める必要があります。なお、相続や遺贈によって取得した土地でないと、この制度は利用できません。

　ただし、個々の相続や売却の方法によって税金（譲渡所

得）が変わるケースがあり、これについては税理士や税務署に相談が必要です。

③売却の仲介や買取を依頼し、売却または賃貸を開始する

　空き家の利活用方法は、通常は不動産業者などの専門家に相談・依頼して進めます。相談の上で最適な利活用方法を決定し、売却活動や賃貸募集を専門業者に依頼します。業者が仲介物件として買い手を探すケースや、買取してくれる場合もあります。仲介の場合、業者買取より高く売れる可能性はありますがいつ売れるか分からないというデメリットがあります。業者買取の場合は、リフォーム代、解体更地にして区画割りや道路を入れる工事費用、業者利益などが加味されるため、買取価格は仲介の場合より低くなるというデメリットがあります。

前述のその1～6のような後手後手の対応では、不動産は「負動産」になってしまいます。岡山・空き家を生まないプロジェクトでは、住宅所有者に相続のタイミングよりずっと早くアプローチし、売却、賃貸、解体などの具体的な解決方法へつなげていきます。そうして先手で行動することで、所有者、コミュニティ、行政の三者にとって好ましい空き家対策になるのです。

▎先手を打って成功した例

その1
叔父が遺言を残してくれた

　一子さんの叔父が亡くなりました。叔父には、奥さんや子供がいませんでした。通常、叔父や叔母などの親戚からは、土地建物の相続手続きが何もされていないケースが多いですが、一子さんの叔父は空き家に関する知識があり、自分の死後は彼女に土地建物の所有権を相続させると遺言を残していました。

　もしこの遺言がなければ、「失敗例その1」(p.21)と同様、相続登記の手続きが大変だった可能性もあります。また一子さんの単独所有のため売却の手続きもスムーズに進み、売却活動を進めしばらくして無事売却でき、早期に空き家を手放すことができました。

この件、生前に相続関係を整理しておかないと、死後周りに迷惑をかけるという認識を所有者が持っていたことがポイントです。そのためにセミナーや相談の場を設け、所有者自身が相続について専門家へ相談したり、アドバイスをもらえる機会をつくることが必要となります。

その 2
住み替えとともにスマートに売却

　60 代になった双葉さんご夫婦は、都心のマンションを購入したため、郊外の戸建住宅から引っ越すことになりました。すでに子供たちが独立し部屋を持て余していたこと、またこれから高齢になり車を運転できなくなるかもしれないことが理由で、買い物や通院などに便利な都心を選びました。
　一方、戸建住宅はこのままだと空き家になりますが、賃貸に出す場合はある程度リフォームが必要と考えると、売却の方が望ましく思っています。そこで不動産業者に依頼し、現状有姿での売却活動を開始すると、しばらくして近隣に実家がある若い夫婦が戸建住宅を探していることが分かり、話が進んで売却できました。
　こうして双葉さんご夫婦は引っ越しを決めた早い判断で決断したことで、空き家の発生を抑制できました。失敗例で見てきたように、思い切ってすぐに売却する選択ができないと、とりあえず空き家になってそのまま放置される

ケースも多いですが、双葉さんの早期の判断が功を奏しました。

　この件、建物が劣化してしまう前の早めの利活用の判断が、売却価格に反映されると知っていたことがポイントです。空き家を早く利活用するメリット、放置するデメリットなどを多様な場面で知っていたからこそ、その知識が早めの解決につながりました。

その3
離れて暮らす兄弟同士が連携できた

　離れて暮らす兄弟からみち子さんのもとに連絡があり、実家で一人暮らしをしていたお姉さんが高齢者施設に入り実家が空き家となったことが分かりました。実家はお姉さん名義での所有で、彼女には子供がいません。つまり、もし今後お姉さんに何かあった場合、みち子さん兄弟が実家を相続することになります。そこで今のうちにお姉さんと話し、実家の土地建物の今後について相談しました。ほかの兄弟は離れた場所に暮らしていて、相続しても将来的に利用する予定は全くありません。またお姉さんも今後施設から実家に戻る予定はなく、そのため売却することを決めました。そうして不動産業者に依頼し、ほどなく売却できました。お姉さんの生活道具一式は残されていましたが、手付金を使って片づけ業者に依頼できました。また売却益はお姉さんの生活費に充てることができ、資産の有効活用

となりました。このように高齢兄弟の施設入居で自宅が空いたことをきっかけに兄弟で話し合い、今後を考えて専門家に早期に相談したことで、短い期間で空き家が処分できました。

　この件、所有者や関係者に意思を確認し、きちんとコミュニケーションを取りながら早急に対応したことがポイントです。アンケートや、セミナー、相談会など空き家に関する情報に日頃触れていることで、関係者で家のことについて話し合ったり、いまからどのような準備ができるかなどのコミュニケーションも進むでしょう。

その4
空き家1年後に売却を決心

　よし子さんはお父さんが亡くなったことをきっかけに、実家を相続しました。しかしすでに自分の家族と他の場所で生活していたため、今後実家に住むことはありません。そこで父の一周忌の区切りがついたタイミングで空き家活用を考え始めます。

　すでに相続登記が終わっていたため、あとは現地の状態を確認しながら売却か賃貸かを検討することに。郊外団地にありますが、駐車場が一台しかなく、庭を改造して駐車場を増設すれば賃貸にできるけれど、そのためにはかなり費用がかかる。そこでよし子さんは売却を選択しました。

　家は、それまで定期的にメンテナンスやリフォームがさ

れておりきれいな状態でした。不動産業者に依頼して現状有姿で売却活動を進めると、ほどなく買い手が付きました。その買い手は 買取再販業者 で、再生して販売予定とのことでした。売却にあたってはお父さんの生活道具の片づけが必要でしたが、買取再販業者と交渉し、買い取り後に先方が片づけることになりました。それによりよし子さんは片づけの手間が省けます。

　この件、相続人となったよし子さんの判断が早かった好例です。一周忌を機に決断して業者に売却し、また新たな家族が活用できるという、社会的ストックの再利用という点でも良い事例でしょう。少し時間をあけて気持ちを整理してから、生まれ育った実家を処分する決断をした点がポイントです。たとえ処分に一年かかったとしても、空き家になった時点で所有者が対策意識を持っているかどうかは雲泥の差です。そのため親が亡くなった際のタイミングでの啓発も重要です。

その5
賃貸募集で早期の対策

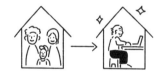

　さつきさんのお母さんが施設に入り、実家が空き家に。家の所有者であるお母さんは、施設に入居したもののまだ元気なので売却する予定はありません。かと言って空けておくのはもったいないし、庭木の剪定や固定資産税などの維持管理費用もかかってしまいます。そこで賃貸に出すことを検討しましたが、物件の内容に若干心配がありました。

- 木造の立派な住宅で、間取りは6LDK。4〜5人家族の戸建住宅やアパートがある郊外地域なので、戸建て賃貸の需要はありつつ、一般的な家族では大きすぎてもてあます広さがあること。
- 床面積が広いため、一般的な戸建て賃貸より家賃設定が高くなること。

　さつきさんはとりあえず不動産業者に依頼して借り手を探すことにし、片づけ、清掃、庭木の剪定などを行い、床面積に見合う家賃設定で募集を開始してみました。すると募集したとたん、たまたま広い戸建て賃貸物件を探していた法人の賃借が決定しました。その法人は広い床面積の物件を借りてこのエリアで事業をする予定でした。高齢者が住んでいたためバリアフリー化も済んでおり、ほとんど改修が必要なく借り手にもメリットがありました。

　この件、施設入居と同時に利活用を検討して、早々に親子でコミュニケーションを取ったところがポイントです。売却しない意志だったので通常はしばらく空き家になりうるところ、さつきさんはお母さんと早期に相談したことで、賃貸物件として活用できました。家賃収入から当面の維持管理費などを捻出できた良い事例です。このように、日頃からセミナーや相談会に参加し専門家とつながりを持っておけば、何か起きた際はすぐに専門家に相談し、対処することができます。

空き家にさせない3つのキホン

　ここまで成功と失敗の事例を見てきた中で、早く対応しておけば建物が利活用できたかもしれなかったのに、長年空き家にして放置してしまった結果、建物が劣化し、解体をせざるを得ないというケースがいくつかありました。住宅は住み手がいなければ、建物内部の空気の入れ換えもなく、水道や下水も使うことがないため、劣化が進んでしまいます。また、空き家になってから頻繁に管理に通うこともなかなかできないため、雨漏りなどの偶発的な損傷や劣化に気が付かないこともあり、知らないうちに建物が傷んでしまっていることもあります。

　つまり、建物が使われなくなった直後から次の活用を検討できる体制が必要です。ここでは、そのために所有者へ促したい3つのポイントについて見ていきます。

① 所有者が相続人を決めておくこと

　先祖代々親から相続した不動産なので、売買や賃貸ができないと言われる方が多くいます。故人の希望が分からないため、なかなか決断できないのです。そうして迷っていたり放置している間に建物の劣化が進んでしまうなど、空き家になってからの対応では手遅れになりがちです。これを防ぐためには、所有者が相続人を決め、お互い今後について生前に話をしておくことが求められます。

　直接話す以外にも、遺言やエンディングノートなどに書いておくことも有用です。例えば、エンディングノートに「自分の死後はこの土地建物は資産として有効活用してほしいので、売却して新たな所有者に使っていただくことが良い」などと書いてあれば、それを見た相続人はずいぶん気持ちが楽になり、空き家問題を長引かせないで済みます。

② 不動産相続の共有はなるべく避けること

　所有者の死後、残された相続人は故人からの遺言などがない場合はまず遺産分割協議から始めなければなりません。特に多くの兄弟姉妹や関係者が相続人となる場合、これに時間がかかったり、時に紛争になったりすることもあります。特に、円満な相続や課税の関係で例外もありますが、不動産の共有はなるべく避けましょう。当然ながら不動産を共有すると、複数の所有者の意思表示が必要で、例えば売却に共有者が合意できない場合は、最悪放置されてどうにもならなくなってしまうことも考えられます。生前に関係者で相続について検討することにより、円満に相続を解決し空き家問題を早期に解消できます。

③ 早めに専門家や専門業者に相談をすること

　以上で触れた、空き家の利活用方法や相続のことはなかなか関係者だけでは検討が難しく、専門的なことばかりです。そのため、次ページのような専門家や専門業者に早めに相談をしてみることが重要。そうすることにより、気づかなかった問題点や今後の方針・備えなどを検討でき、いざという時にも安心です。そして、スムーズに手続きや利活用へ進むことができます。

　専門家や専門業者に相談することは少し敷居が高いと思われがちですが、例えば最近は自治体や地元の空き家活用の支援団体、専門家や専門業者の団体などが無料相談会を開催しているケースも多いです。まずは所有者にそのようなイベントを利用してもらうことを推進しましょう。

▽ 空き家に関する主な専門家や専門業者

- <u>弁護士</u>　　　相続や相隣関係の調整・紛争など
- <u>司法書士</u>　　　相続と権利の登記関係
- <u>土地家屋調査士</u>　測量境界確定や表題登記関係など
- <u>税理士</u>　　　税金と相続
- <u>建築士</u>　　　建物の利活用とその設計（リフォームなど）
- <u>不動産業者</u>　不動産の査定や売買・賃貸など
- <u>建設会社</u>　　建物のリフォームや修繕など
- <u>片づけ業者（解体業者）</u>　残置物の撤去・処理
- <u>解体業者</u>　　建物の解体
- <u>清掃業者</u>　　掃除や草木の処分など
- <u>古物買取業者</u>　物品の査定・買取

※いずれも業者の免許や個人の資格が必要になる業種のため、依頼時に確認してください。複数業者から見積りを取る方が良いこともあります（相見積）。

▽ 用語解説

- 相続関係説明図：亡くなった人（被相続人）と相続人の関係を表した家系図のような図
- 代襲相続：相続人となるはずだった人（被相続人）も、その子供や兄弟姉妹も亡くなっている場合、さらにその子供が相続人になること
- 相続財産清算人制度：相続人がいない場合や全ての相続人が相続放棄をした場合に裁判所が相続財産の管理や清算をする相続財産清算人を選任する制度
- 不在者財産管理人制度：行方不明になっている人の財産の管理・保全をする不在者財産管理人を裁判所が選任する制度
- 共有物分割請求訴訟：裁判で不動産の共有を解消すること
- 固定資産税の住宅用地の特例：住宅用地については固定資産税の課税標準額の評価額が1/3、さらに面積が200m²以下の小規模住宅用地は評価額の1/6となっており、税負担が軽減されていること
- 指導文書：空き家の管理不全状態の指導のため市町村の空き家対策担当部署より空き家の所有者や相続人に送付される文章
- 相続人不存在：相続人がいない場合や全ての相続人が相続放棄をした場合で相続人がいないこと
- 利害関係人：相続財産について法律上の利害関係を有する者
- 予納金：相続財産清算人の報酬が相続財産から払うことができそうにない場合に申立人から報酬に充当する費用を事前に納めてもらうこと
- 遺言：死亡後の法的効力を生じさせる目的で遺言書を残

して最終の意思表示を行うこと。自筆証書遺言と公正証書遺言などがあり、一定の様式を満たす必要がある

・ 空き家所有者向けのアンケート：空き家の実態調査の結果などから市町村の空き家対策担当部署が空き家所有者などに送付する意向調査

・ 成年後見人（制度）：判断能力が十分ではなくなった場合に家庭裁判所の後見人開始の審判により後見人が選任され、本人を援助する制度

・ 遺産分割協議：遺産分割をする際にすべての相続人で協議をして、その内容について合意をすること。（その内容を）書面にしたものが遺産分割協議書で、相続のさまざまな手続きなどに必要となる

・ 特定空家：空家等対策の推進に関する特別措置法第2条第2項の倒壊等著しく保安上危険となるおそれのある状態の空き家など

・ 相続登記：相続した不動産の登記の名義を変更すること

・ 買取再販業者：空き家や中古住宅を買い取ってリフォームなどを施し再生し、消費者に売却をする不動産業者

2章 ｜ 空き家になる前の
空き家対策

空き家を生まない
コミュニケーションアプローチ

　本章では、住宅に関する情報提供や機会提供などによって、現在暮らしている住宅の所有者による自発的な行動変容を促すとともに、専門家のサポートを通じて空き家になることを防ぐ、一連のコミュニケーションアプローチを紹介します。

　まちづくりは長い期間継続的に取り組むことによって、その成果は目に見える形で"まち"に現れてきます。本アプローチは、まちに住む一人ひとりの意識を変えて、具体的な行動を起こしてもらうための方法です。このような地道な方法こそが空き家の発生を抑制し、私たちのまちを望ましい方向へと変えてくれます。

┃このアプローチの6つの特長

早いタイミングだからこそできる！

　空き家になってずいぶん経過してからでは、できることは非常に限られ、ハードルも高くなります。空き家になる前のタイミングに、今住んでいる住宅の所有者にアプローチします。

第三者がそっと背中を押す！

　自宅の将来のことは、家族や関係者などの当事者同士ではなかなか話しにくいテーマです。そんなとき、第三者からのアプローチによって、そっと背中を押して、行動するきっかけを与えます。

自発的な行動変容！

　自宅の将来について、自ら考えてもらい、行動した方が良いという意識を醸成することで、強制的ではなく、自発的な行動変容を促します。

自由にカスタマイズできる！

　アプローチの基本をしっかりと抑えておけば、そのプロジェクトの規模（予算・人材・時間など）に合わせて、実施可能な方法を柔軟に選択できます。

団地の建物をまとめて対策できる！

　ある程度の規模の団地（1000戸程度）であれば、一度にまとめてアプローチできます。これを超える場合でも複数回に分けるなどすれば実施可能です。

空き家対策の原因療法になる！

　空き家活用などの対症療法ではなく、空き家発生の根本的な理由に着目したアプローチであり、空き家を未然に防ぐための具体的な方法論です。

▎本章の読み方

　本章では、それぞれのフェーズにおいて、2つの視点から解説します。

・読んでいる皆さんが自分たちの地域で実践する場合の一般的な方法論
・岡山・空き家を生まないプロジェクトで、私たちがこれまで実践してきた方法

　開いて左側が「一般的な進めかた」、右側が「岡山・空き家を生まないプロジェクトでの進めかた」の説明です。左側で一般的な方法論を理解しつつ、右側のプロジェクトの事例も参考にしながら、自分たちの予算や人材、時間的制約などを念頭に、それぞれに合った方法をつくり上げてください。

フェーズ全体の流れ

 PHASE:1　チームをつくる

　このアプローチは、個人や特定の事業者だけで行うことは困難
です。さまざまな業種の方々が連携し、チームとして一丸となっ
て取り組みを推進する必要があります。ここでは、仲間を集め、
体制を整えるために重要なポイントをお伝えします。

01　メンバーを集める
02　役割を決める

 PHASE:2　準備をする

　このアプローチの肝は、所有者やその関係者の方々との「コミュ
ニケーション」です。簡単に言えば、住宅が空き家にならないよ
うに所有者などと丁寧なコミュニケーションを重ねながら取り組
みを進めていきます。その入り口で失敗しないために、入念な準
備を欠かさないようにしましょう。

01　対象地域を決める
02　プロセスを整理する
03　実施計画を立てる
04　地域と信頼関係を構築する

PHASE:3　情報を提供する

　住宅所有者やその関係者の「自宅の将来に対する意識」を効果的に高めるためには、適切なタイミングにインパクトのある有益な情報を提供する必要があります。適切なタイミングとは？インパクトのある有益な情報とは？などについて、詳しく説明します。

01　タイミングを見定める
02　伝える形を決める
03　適切な言葉を選ぶ
04　デザインで伝える

 PHASE:4　話し合いを促す

　自宅の将来について家族や親族と話し合う機会は、当事者同士ではなかなかつくりにくいものです。そのため第三者による後押し（きっかけづくり）が必要です。住宅所有者の希望や相続人の要望、考えなどを顕在化させ、関係者間で調整する機会を設けましょう。

01　促す形を決める
02　内容を決める
03　実践する
04　結果をまとめる

PHASE:5 専門家に引き継ぐ

　自宅の将来の方向性は所有者によってさまざまであり、その方向に導くためには幅広い知識・経験が必要となることもあります。方向性が決まったものの自分では対応できない問題を抱える所有者に対し、専門家が支援できる体制を構築しましょう。

01　サポートする形を決める
02　体制を整える
03　内容を決める
04　実践する
05　次につなげる

PHASE:6 評価・改善する

　本アプローチの効果を実感するまでには相当な時間を要します。取り組み自体は単年度で終わるものではなく、長い時間をかけてさまざまな地域で実施していく必要があります。その都度、取り組みの評価・改善を繰り返しながら、最適な方法を模索してみましょう。

01　結果を分析する
02　地域にフィードバックする
03　改善点を探る
04　効果を高める

コンサルタントなどの民間事業者、
NPO法人、まちづくり団体　など

空き家関連の専門家、弁護士、
司法書士、建築士、不動産事業者　など

| 1 | 2 行政（市町村） | 3 デザイナー | 4 |

PHASE:1
チームをつくる

01 メンバーを集める
02 役割を決める

PHASE:2
準備をする

01 対象地域を決める
02 プロセスを整理する
03 実施計画を立てる
04 地域と信頼関係を構築する

PHASE:3
情報を提供する

01 タイミングを見定める
02 伝える形を決める
03 適切な言葉を選ぶ
04 デザインで伝える

PHASE:4
話し合いを促す

01 促す形を決める
02 内容を決める
03 実践する
04 結果をまとめる

PHASE:5
専門家に引き継ぐ

01 サポートする形を決める
02 体制を整える
03 内容を決める
04 実践する
04 実践する
05 次につなげる

PHASE:6
評価・改善する

01 結果を分析する
02 地域にフィードバックする
03 改善点を探る
04 効果を高める

図 2-1　各フェーズにおける役割分担の例

PHASE：1

チームをつくる

01 メンバーを集める

✏️ **一般的な進めかた**

　本アプローチを効果的に進めるためには、多様な分野・業種が連携し、役割分担しながら取り組む必要があります。あなたのビジョンとそのための戦略を具体的に提示しながら、熱意を持って伝え、共感するメンバーを集めましょう。

　ポイントは、すぐには結果の出づらい長期的なプロジェクトになること。そこに理解を示し、自発的に参加してくれる人を見つけられるかどうかです。そのためには、魅力的なビジョンを、熱意を持って説明するとともに、可能であれば定量的なエビデンスも添えられるとその話の信頼性はぐっと増します。

　また、参加メンバー全員に何かしらのメリットをもたらす必要があります。自分たちの本業・収益につながる、社会や地域への貢献を通じて自社の CSV（Creating Shared Value：共有価値の創造）につながるなど、メンバーそれぞれの立場を尊重し、互いに Win-Win の関係を維持することが大切です。

　ただし、いきなりたくさんのメンバーを集めることは容易ではありません。その時に集まったメンバーで「小さくてもよいので、まず実践する」ことが大切です。その実践が、次の新しいメンバーの呼び水になります。

⚒ 岡山・空き家を生まないプロジェクトでの進めかた

　本プロジェクト立ち上げの発端は、大学（岡山大学 都市・交通計画学 氏原研究室）と建設コンサルタント（中電技術コンサルタント株式会社）による共同研究でした。空き家対策の研究を進めるなかで、住宅所有者の行動変容こそ必要だと気づき、行政、デザイナーも巻き込みながら、まずは 2019 年に試験的に実証を開始しました。

　その後一定の成果が得られたため、2020 年よりメンバーを拡大し、より本格的な実証を考えました。そこで、本プロジェクトとは別に岡山大学が開催していた「おかやま空家対策研究会」の参加メンバーに呼びかけてみたところ、問題意識と将来ビジョン、そのための方法などに共感いただき、多くのメンバーが集まってくれました。社会的な課題解決に向けた熱い気持ちだけでなく、2019 年に試験的に実施した取り組みの具体的な成果なども紹介しながらメンバーを募ったことも、多くの方々が賛同してくれた理由の一つです。その後現在に至るまで、メンバーからの紹介や、HP を閲覧した事業者など、取り組みを進めていくなかでメンバーが徐々に広がっています。

02 役割を決める

✎ 一般的な進めかた

　本アプローチを進めるためには、大きく分けて以下の役割を担う人が必要です。

・ プロジェクト全体を管理し、取りまとめる人（コンサルタントなどの民間事業者、NPO法人、まちづくり団体、行政など）
・ 実施する地域とのつながりをつくる人（行政など）
・ 具体的な取り組み内容を検討し、実践する人（大学、コンサルタントなどの民間事業者、NPO法人、まちづくり団体、デザイナーなど）
・ 専門的な知識で取り組みをサポートする人（弁護士、司法書士、建築士、工務店、不動産、銀行、管理会社、片付け業者など）

　なお、（ ）内の職種はあくまで参考として記載しています。進め方は一つではありませんので、参加メンバーの構成に合わせて、適切な方法を見つけてください。

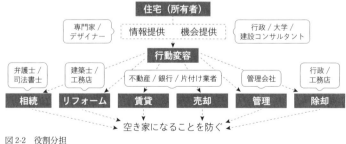

図 2-2　役割分担

⚒ 岡山・空き家を生まないプロジェクトでの進めかた

　建設コンサルタント、大学、行政、デザイナー、空き家の専門家によって本プロジェクトは推進しました。主な役割は、以下の通りです。なお、以下のメンバーはプロジェクトを実施する過程で徐々に増えてきました。

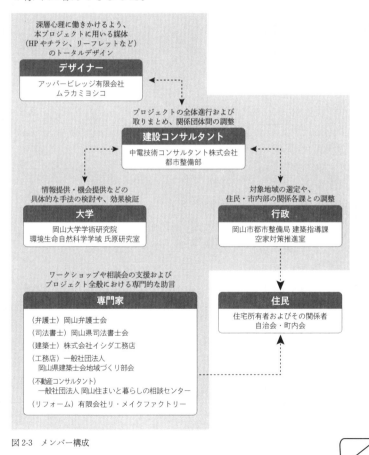

図 2-3　メンバー構成

岡山市都市整備局住宅・建築部建築指導課空家対策推進室 室長

山内 伸二さん

行政

Q：岡山市の空き家対策について、これまでどのような課題を抱えていましたか？

　管理不全が原因で特定空家になるような空き家への対応が、行政の求められる役割です。空家対策特措法ができる前は建築基準法に基づいて対応をしていましたが、人が住んでいないと指導しにくいなどの課題もあり、空き家対策に今ほど注力していませんでした。

　空家対策特措法が施行されたことにより、岡山市も条例の制定や空家対策推進室という専門部署の設立などを行い、2017年頃から空き家への対応に注力してきました。具体的には、所有者のいない特定空家に対して略式代執行を行ったり、所有者を調べて指導文書を送るなど、特措法や条例の施行によって行政にできることが増えました。これらにより、住民からの通報は目に見えて減り、まず対応すべき課題はクリアしているというのが現状でした。

　一方で、管理はできているけれど空き家そのものの数は増えていました。この空き家については特措法や既存の空き家対策の観点からは問題がなく、行政が積極的に対応する必要はありませんでした。しかし、増えていく空き家について何かできることはないかという問題意識は当初よりありました。

Q：本プロジェクトに参画することを決めた理由は何ですか？

　岡山大学の開催する「おかやま空家対策研究会」をきっかけに氏原先生などさまざまな人とのつながりができました。その中で、前述の空き家抑制への課題について、成功事例はないけれど試行でもいいので何かやってみたいと考えていたところ、お声がけをいただいたので参画を決めました。空き家という大きな社会問題に対する取り組みであり、かつ産官学共同のプロジェクトであるということも参画のしやすさにつながりました。

Q：本プロジェクトではどのような役割を担ってきましたか。

　行政が参画することにより、地域住民に対して一定の安心感を持たせる役割を担ったと考えています。一企業のプロジェクトではなく行政も参加しているということで、営利目的ではないことがアピールでき、多くの方を巻き込むことができたのではないでしょうか。

　具体的には、地元の町内会とのやり取りの窓口の役割や、国のモデル事業の活用にも貢献しました。

Q：本プロジェクトにどのような想いで関わってきましたか？

　これまでにない取り組みに関われることへの期待を持ってきました。また、今後空き家が大量に発生すると考えられる地域と連携することで、空き家を抑制することのメリットや空き家が発生することのデメリットをその地域の住民に直接伝えることができます。こうした取り組みは地道ではありますが、今後確実に効果が出てくるだろうという期待もありました。

Q：岡山市の空き家対策として今後どのようなビジョンを描いていますか？

　10年計画として策定した「岡山市空家等対策計画」を残り5年になった時に改定し、3つの柱として次のように定めました。①管理不全な住宅を適正に管理してもらうよう啓発をすること ②すでに空き家になっている建物については利活用していくこと ③空き家の発生を抑制すること。人口減少社会であることからも今後空き家が増えていくことは間違いありませんが、そのスピードを抑制する必要があると考えます。空き家が増えると一定数の特定空家は必ず発生し、そうなると行政の仕事が減ることはありません。そうした点も見据えて、残りの5年間をこの3つの柱で取り組んでいくというビジョンを描いています。ビジョンを描くには現状の把握が必要不可欠です。そのための実態調査は、都度行っていくことが大切と考えています。

　また、本プロジェクトの「地域との連携」という点について、もっと地域のパワーが出るようなアプローチがあればよいと思います。ごく稀にではありますが、町内会で自分たちだけの力で問題を解決したという例もあり、団地の規模にもよりますが、そのような状況がどんどん発生するような取り組みを考えていきたいと思っています。

PHASE：2

準備をする

01 対象地域を決める

✎ 一般的な進めかた

　このアプローチは場所を選びません。都市の中心部、郊外住宅団地、中山間地域…どんな地域でも実施可能です。ただし、予算や時間が限られており、一度に広範囲には実施できないということであれば、まず最初に取り組みの効果が現れやすい地域から試行的にやってみるとよいでしょう。

　例えば、造成後40〜50年程度経過した郊外の住宅団地で、比較的利便性が高いエリアからスタートするのも一つです。なぜなら、大規模に造成された住宅団地は分譲後同世代が一斉に入居するため年齢層に偏りがあり、かつ今では引き継ぎを考え始める60代〜70代が多いため、今から働きかけておくことでより高い取り組み効果が得られるからです。

　また、プロジェクトメンバーや時間、施設規模などにもよりますが、1000戸程度であれば、一度のまとまったアプローチが可能です。それを大幅に超えるようであれば、所有者の方々とのコミュニケーションが不十分になる可能性も高まりますので、複数回に分けて実施するなどの工夫が必要です。

⚒ 岡山・空き家を生まないプロジェクトでの進めかた

　本プロジェクトでは、造成後 40 ～ 50 年程度経過した、持ち家率の高い岡山市内の住宅団地を対象として選定しました。空き家が身近な問題として迫ってきている高齢の世代がまとまって居住しているためです。

　選定にあたっては、はじめに、建設コンサルタントが上記の条件に当てはまる地域を市内全域よりピックアップしました。関係者へのヒアリングや、地図上から住宅団地を探し出し、人口・造成年代などの統計データと合わせて一覧にしました。造成年代については、国土地理院の HP などから古い写真と新しい写真を見比べることで、おおよその完成時期を把握することができます。

　次に、一覧の中から、対象とする地域を行政が選定しました。選定にあたっては、取り組みの効果がある程度期待できる地域から順次進めていくことにしました。最終的には、立地適正化計画*に定められる「居住誘導地域」に含まれ、かつ駅などの拠点に比較的近いエリアを絞り込みました。対象としたエリアの戸建住宅の戸数は、2019 年度 307 戸、2020 年度 631 戸、2021 年度 1185 戸と、実践を重ねるにつれて徐々に拡大させていきました。

＊各市町村が定める、居住機能や都市機能の誘導を図るための指針となる計画

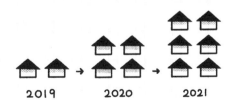

02 プロセスを整理する

✏ 一般的な進めかた

　住宅が空き家になることを防ぐまでのステップを右図で表します。何もしないままでいると住宅は空き家になってしまいますが、「住宅の将来について決める」「住宅の将来に向けて行動する」というステップを経て、それを防ぐことができます。つまり、住宅の所有者自身が住宅の将来について自発的に考え、家族や関係者などとの話し合いを通じて、具体的に行動し（行動変容）、住宅の将来を決める必要があります。

　そのために、さまざまな選択肢・判断材料となる情報や（PHASE:3 で説明）、家族との話し合いを促す機会を提供します（PHASE:4 で説明）。さらに、住宅の方向性が定まるだけでは、その後空き家になってしまう可能性もあります。話し合いなどで決まった住宅の将来に向けてさらなる行動を起こすことが、最終的に空き家の発生抑制につながります。同時に、行動すると所有者だけでは解決できない問題も発生するため、その場合は空き家の専門家による支援が必要となります（PHASE:5 で説明）。

　なお「情報提供」「機会提供」と「専門家による支援」は同地域にて実施し、かつ間隔を空けすぎないようにしましょう。なぜなら、「情報提供」「機会提供」によって所有者の空き家予防に対する意識が高まっているため、その段階で早急かつスムーズに「専門家による支援」へつなげることで、参加者が次のステップに進みやすくなるからです。

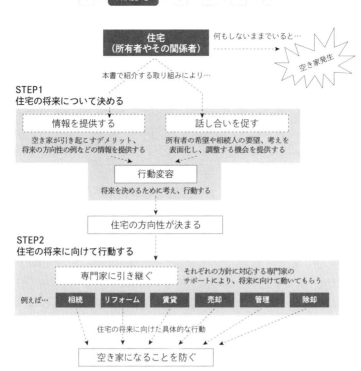

図 2-4　対策のプロセス

⚒ 岡山・空き家を生まないプロジェクトでの進めかた

　本プロジェクトでは、取り組みの効率化を図るため、情報提供、機会提供を同時に行いました（具体的な内容は PHASE:4 で述べます）。また、スムーズに専門家につなぐため、アンケートによる機会提供を実施した1カ月後には、専門家による支援（セミナー・ワークショップ・相談会）を実施しました。加えて、情報提供・機会提供と同時に、セミナーの開催案内を併せて行うなど、意識の高いうちに具体的な行動に移せるように配慮しました。

03 実施計画を立てる

✎ 一般的な進めかた

　本アプローチの実施にあたり、具体的な計画を立てる必要があります。実施計画書として取りまとめることで、メンバーとの共有も図りやすくなります。

【検討項目の例】
・実施内容
　本書で紹介する手法のうち、自分たちが取り組む範囲をどこまでとするのか、予算や体制なども考慮しながら全体を通して整理します。
・工程
　取り組みの開始時期、終了時期、コントロールとなるポイント（アンケートや相談会の実施時期など）を定めます。
・予算
　各取り組みにそれぞれどの程度予算が必要となるのか、概算で見積もっておきます。また、その取り組みを行うための予算をどのように確保するか（行政による事業化、協賛金、補助事業の活用など）を検討します。
・連絡体制
　役割分担や連絡系統などについて整理します。

　なお、工程や予算、体制（人材）などは、実施エリアの規模に大きく左右されます。確保可能な予算や体制などから実施規模を設定しましょう。

➤ 岡山・空き家を生まないプロジェクトでの進めかた

　本プロジェクトでは、建設コンサルタントが中心となり取り組みの実施計画を立てました。実施計画では、社会的な背景やプロジェクトの目的、実施内容、実施により実現する未来、工程、連絡体制、予算計画などについて整理しました。

　基本的には、1年ごとに1エリアを対象とし、p.49で整理したプロセスの実行、改善を繰り返しました。予算については、活動当初は国土交通省の補助事業（令和2年度 空き家対策の担い手強化・連携モデル事業、令和3年度 住宅市場を活用した空き家対策モデル事業）に応募し採択されたことで、それを主な財源とすることができました。2022年度以降は、本プロジェクトを岡山市の事業として予算化し、実施することとなりました。

　なお、2021年度は、実施規模(1185戸)に対し以下のような工程、体制で取り組みました。

・工程：2021年10月～2022年3月（6か月）

表 2-1　工程の例

	10月	11月	12月	1月	2月	3月
地域との関係構築	町内会説明		アンケート事前案内			結果報告
リーフレット作成						
アンケート実施						
セミナー・相談会実施						

・体制：プロジェクト運営の主担当7人、サポートいただく専門家13人
・予算：国土交通省の補助金をアンケート、セミナー・相談会、動画作成などに充当

04 地域と信頼関係を構築する

✏️ 一般的な進めかた

　効果的に行動変容を引き起こすためには、人と人とのコミュニケーションの積み重ねが重要です。なぜなら、人はよく知らない第三者からいきなりアプローチされても拒絶する可能性の方が高く、信頼や納得を得られないと行動しようという気にはならないからです。

　したがって、取り組みそのものに対する不信感を払しょくし、地域住民との信頼関係を構築するためにも、取り組み前後において地域住民と密接にコミュニケーションを図る必要があります。

⚒ 岡山・空き家を生まないプロジェクトでの進めかた

　本プロジェクトでは、対象地域の町内会とつながり、信頼関係を構築するところから始めました。まず、本格的な取り組み（情報提供、機会提供）を行う3か月ほど前から、町内会長などの代表者との打ち合わせの場を設け、プロジェクトの全容および具体的な実施方法について説明しました。町内会代表者と、行政、建設コンサルタント、大学の三者が実際に顔を突き合わせ意見交換し、ビジョン・主旨について共感してもらうだけでなく、地区独自の課題や町内会長の想いなどについても伺うことができました（そして結果的にプロジェクト最大の理解者にもなっていただき、さまざまなシーンで助けてもらいました）。その後、集会所で行われる町内会役員会議に参加し、役員全員に対して事前説明し納得してもらうことで、はじめてプロジェクトを進めることができるようになりました。

　実際の情報提供、機会提供を実施するにあたっても、今度は対象となる地域住民に対する不信感を払しょくし、行動変容へとつなげる工夫をしています。こちらについては、PHASE:3、PHASE:4 で詳しく説明します。

PHASE：3

情報を提供する

1 ▸ 2 ▸ PHASE：3 ▸ 4 ▸ 5 ▸ 6

01 タイミングを見定める

✏ 一般的な進めかた

　住宅所有者やその関係者の "自宅の将来に対する意識" を効果的に高めるためには、適切なタイミングで情報を提供することが重要です。

　例えば、テレビや新聞などで空き家に関する話題が取り上げられた際、もしそれを家族みんなで見ていると、「うちはどうしようかな…」という話題になるかもしれません。すなわち、盆や正月など、家族や親戚が集まるタイミングで情報提供することで、家族間での話し合いを促しやすくなります。したがって、情報提供を行う場合は、家族や親せきが集まりやすいタイミングを狙うと効果的です。

・盆や正月などにタイミングを合わせることができない場合…
もちろん、そうでない時期に情報提供を行うことも可能です。ただし、その場合効果が薄くなる可能性があります（詳細はPHASE:6でご説明します）。

⚒ 岡山・空き家を生まないプロジェクトでの進めかた

前述したように、本プロジェクトでは情報提供、機会提供を同時に行っていますが、住宅所有者やその関係者が年末年始に情報を確認できるようにし、話し合いを促すタイミングを見計らっています。

具体的には、12月下旬に差し掛かる頃から各戸に情報を提供し、年末年始のタイミングで話し合いを促し、正月明けの1月中旬頃までに話し合った結果をアンケートにて返信してもらうようなスケジュールを立てて実行しました。

02 伝える形を決める

✏ 一般的な進めかた

　情報を伝える方法は、さまざまあります。紙媒体や IoT を活用したり、対面で直接伝えるなど、自分たちに適した方法を選択しましょう。また、メニューを増やすことでより多くのタッチポイントをつくることができます。予算や工程などを踏まえいろいろな形で提供してみましょう。

情報提供の種類

・ リーフレット、チラシ
　固定資産税の通知書やアンケートなどの文書に同封したり、相談会などのイベント時に配布資料として提供できます。
・ 勉強会、講習会、ワークショップ
　住宅所有者やその関係者が必要としている専門的な知識をピンポイントで伝えることができます。
・ マスメディア（新聞、ケーブルテレビ、ラジオなど）
　一度に大勢の人に情報を提供することができます。
・ インターネット、SNSなど
　幅広い世代に手軽に提供することができます。

⚒ 岡山・空き家を生まないプロジェクトでの進めかた

　本プロジェクトでは、アンケートのタイミングに合わせて情報提供を行うため、それに最適なリーフレットという形を選びました。作成したリーフレットは、アンケートに同封し対象地域住民に全戸配布しました。ちなみに、本プロジェクトのアンケートは、調査自体を目的としたものではなく、話し合いを促す手段として用いています。そのための工夫は p.86-87 にて説明します。

　リーフレット以外の情報提供の手段としては、HP や Facebook を開設し、定期的に活動レポートなどの情報発信をしているほか、自宅の将来について考えることの重要性を説明する動画を作成し、YouTube や市内のデジタルサイネージで流しました。このように、不特定多数へ情報提供を行う手法についても検討、実施し、岡山市全域での意識啓発を目指しています。

岡山・空き家を生まない
プロジェクト HP

岡山・空き家を生まない
プロジェクト 啓発動画

図 2-5　市内のデジタルサイネージ

03 適切な言葉を選ぶ

✏️ 一般的な進めかた

　住宅所有者やその関係者の行動変容を実際に引き起こすためには、情報を受け取った方がその後本当に必要としている有益な情報を提供する必要があります。

　例えば、空き家になることで生じるデメリット（無駄な費用がかかる、地域に迷惑がかかるなど）や、自分が行動することでどんなメリットがあるのか、さらには住宅の将来の方向性の例や、方向性が決まったらやること（登記の確認、エンディングノートの作成など）があげられます。

　なお、伝える内容を考える際には、行動経済学*に基づく手法を活用することで、深層心理に訴えかけ、より効果的に行動変容を促すことができます。

*心の働きから人間の意思決定のプロセスや行動などを分析しようとする、"心理学と経済学が融合"した新しい学問のことです。人々が強制ではなく自発的に望ましい行動を選択するよう促す仕掛けや手法のことを「ナッジ」といい、さまざまな分野に活用されています。

岡山・空き家を生まないプロジェクトでの進めかた

　本プロジェクトで作成したリーフレットには、行動経済学の理論である「損失回避傾向」や「ハーディング現象」といった人間の心理を利用する手法を採用しています（実際に作成したリーフレットの詳細は p.77-79 をご覧ください）。

損失回避傾向

図 2-6　リーフレットの文言

　人間が利益よりも損失に 2.25 倍強く影響されるため、損失を避けようとする理論。将来的に空き家になることで生じる「デメリット（損失）」をさまざまな視点から強調しています。

ハーディング現象

図 2-7　リーフレットの文言

　人間は一人よりも大勢でいることに安心感を覚えるため、周囲と同じ行動をとろうとする理論。「以前の取り組みでは約○％の方々が家族や親族と話し合いました」といった過去の事例を示しています。

04 デザインで伝える

✎ 一般的な進めかた

　住宅所有者やその関係者の行動変容を効果的に引き起こすためには、言葉や内容だけでなく、デザインも重要です。単調な見た目ではなく、直感的に分かりやすくインパクトがあり、深層心理に訴えかけるようにデザインされていれば、行動変容に対する効果が高まります。また、さまざまな形で情報提供を行う場合は、複数あるコンテンツのデザインを統一することも重要です。対象者に安心感を与えるだけでなく、取り組みのブランディングにもつながります。フォントやイラストのトーン、メインカラーなど、コンテンツを作成する際に最初に決めておきましょう。

　チラシに記載する内容についてはしっかり考えられていても、意外とデザインはないがしろにされることが多いです。それによって、せっかくの情報が右から左へとそのまま流れてしまうかも。どうすれば手にとって読んでもらえるのかを考えなければなりません。そのために、自前でやろうとせずにデザイナーの協力を得ることも一つの方法です。

岡山・空き家を生まないプロジェクトでの進めかた

本プロジェクトでは、「親しみやすいデザイン」というコンセプトのもと、リーフレットやHP、動画、ガイドラインなどのコンテンツを作成しました。情報を提供するために作成したチラシやリーフレットに関しては、活動年度によりデザインが異なります。詳細はp.78-79をご覧ください。

なお、あくまで参考例であり、必ずしもこれがよいというものではありません。実践を繰り返すなかで最適な形を模索してみてください。

チラシ（A4両面）

プロジェクトに関わる人(学生) の写真を配置することで、
親近感を与え、心理的な距離を縮める

対象を明確にし、自分事として捉えてもらう

笑顔のイラストを配置することにより
ポジティブな印象を与える

手書き手紙風メッセージ
による訴えかけ

クイズ形式であえて空欄を配置することで注目をひく

図2-8　チラシの例

🔨 岡山・空き家を生まないプロジェクトでの進めかた

大きなイラストでインパクトを与える

対象を明確にし当事者意識を醸成

空き家になることによる問題や自宅の将来について考えることの
重要性などを物語調で語りかけ、当事者意識を醸成

将来の方向性や具体的な行動の例を示し、
話し合う内容をイメージしやすくする

図 2-9　リーフレットの例（表紙・裏表紙）

⚒ 岡山・空き家を生まないプロジェクトでの進めかた

行動経済学における「損失回避傾向」を利用し、空き家になることによる損失（デメリット）を強調

行動経済学における「ハーディング現象」を利用し、過年度の調査の結果を例示

自宅の将来を考えないままでいると…
無駄な費用・手間がかかります。

2020年度プロジェクト実施地域の結果。
約60%の世帯 がプロジェクトをきっかけに**自宅の将来について**家族や親族と話し合いました。

岡山・空き家を生まないプロジェクトとは？

本プロジェクトの重要性が**認知されています！**

産官学連携であることを強調し、行政や大学の名前を出すことで安心感を与える

国や行政の名前を出すことで、信頼性が高く真面目な取り組みであるという印象を強調

リーフレット（A3 両面二つ折）

図 2-10　リーフレットの例（中身）

コラム **MEMBER INTERVIEW**

アッパービレッジ有限会社 代表取締役

ムラカミ ヨシコさん

デザイ

Q：本プロジェクトに参画することを決めた理由（デザイン会社としての参画意義）は何ですか？

　もともとは別の仕事で岡山大学 氏原先生にコラムを依頼する機会があり、氏原先生がどのような研究をされているのか、どのような考え方を持っているのか、ということを知りました。自分自身もその考え方に共感を持っており、本プロジェクトへの参画も、その氏原先生からお声がけいただいたというのがきっかけです。

　また、弊社は創業より「まちに笑顔を」をキャッチコピー・経営理念としています。何かを伝えたい人の気持ちを、それを受け取ってほしい人たちへ伝わるようにコミュニケーションを支援することが仕事で、その結果として"まちが笑顔に"なれば良いと考えています。

　本プロジェクトの「空き家の発生を未然に防ぐ」という視点は、社会的にもとても有意義で弊社の理念とも重なるため、参画を決めました。

Q：本プロジェクト以外にまちづくりに関する取り組みをされていますか？

　ユニバーサルデザインや中山間地域支援などを得意とする「NPO法人 まちづくり推進機構岡山」の理事も務めており、以前よりまちづくりへの強い関心がありました。どんなまちにも良いところ・悪いところがあり、その捉え方も住む人の解釈次第で変わってくるものと思います。そういったまちの魅力や強みを、デザインの力で人に伝え、さらには行動変容につなげることができるという点で、デザイナーという仕事に社会的意義を感じています。

Q：本プロジェクトではどのような役割を担ってきましたか。

　コミュニケーションをデザインすることです。動画やHPをつくってほしいというツールの作成を目的とするような形で依頼を受けますが、本質的にはそ

れらを運用することで生まれるコミュニケーションに関わる仕事と考えています。空き家が発生する前の段階で問題意識を持ってもらえるようなツールの作成に携わりました。

Q：本プロジェクトに関わるうえでどのような点に重視しましたか？

　これまで関わってきたプロジェクトでは、市や大学といった組織とやり取りする BtoB 的なアプローチが多かったですが、本プロジェクトでは空き家という家庭や個人の問題を扱うことから、「人と人」に重きを置いたアプローチが良いのではないかと考えました。空き家を未然に防ぐという課題に対しては、行政から働きかけるよりも、一個人からのアプローチの方が人の気持ちを動かすのではないかと感じました。

　「ラポール」という、初対面での警戒心をなくして信頼関係を築くことにより、心のハードルを下げるという心理学の考え方があります。今回の対象が子や孫がいる世代ということもあり、はじめに作成したリーフレットでは、学生さんが語りかけるという形でのアプローチを提案しました。結果として、多くの人に想いが届いたのではないかと思います。

Q：デザイナーとして（あるいは一個人として）岡山のまちづくりにどのような未来を望みますか？

　デザインを通してこのまちの笑顔が見たいという理念があります。こうした活動により岡山を好きだと言える住民が増えたら良いなと思います。岡山を好きだと思う気持ちはありつつもそれを表現できない人たちも、ポジティブに岡山を好きだと言えるような未来を期待しています。さらに、まずは自分にできることから、こういったまちづくりに主体的に取り組む人が増えると良いと思います。

PHASE：4

話し合いを促す

01 促す形を決める

✎ 一般的な進めかた

　自宅の将来について考え、まず家族や親族と話し合うことが空き家の発生抑制の第一歩であることは前述した通りですが、PHASE:3 で説明した情報提供だけでは、なかなか話し合いを促すまでに至りません。

　何らかの手段をもって、第三者による話し合いの後押し（きっかけづくり）をする必要があります。後押しをするツールとして特に有効と考えられる手法は、行政などによる「アンケート」です。家族で住宅のことについて話し合うとしても、ナイーブな話題でもあり切り出しにくいものですが、アンケートという理由があれば話しやすくなるからです。ただし、これは費用に余裕があり、行政との連携が可能であれば実施できる方法であり、体制や予算に応じた手法を選択する必要があります。

　ほかの手法として、話し合うためのきっかけをつくる「ワークシート」形式であれば、アンケートよりも簡単に実行できます。ただし、こちらから一方的に提供するため効果を確認できないというデメリットがあります。また、アプリや SNS を用いた話し合いの促進も考えられます。新たにアプリを開発するのも良いですが、LINE などの既存アプリを活用することで、大きな負担もなく有効なきっかけツールとなります。

🔨 岡山・空き家を生まないプロジェクトでの進めかた

　本プロジェクトでは、アンケート形式による話し合いのきっかけづくりを行いました。リーフレットによる情報提供と合わせ、アンケートによるコミュニケーションを通じて、住宅の将来について所有者自身で考え、家族や親族と話し合う機会を提供しました。アンケートとした理由は、例えば住宅の将来について話しにくいと感じている方でも、「市役所からアンケートの依頼があったんだけど…」といったように、明確な理由をもって話し合うことができるからです。なお、本プロジェクトではアンケートの発送元は行政・大学の連名とし、不信感を払しょくしました。

　また、HPを閲覧した場合でも話し合いがしやすいように、「きっかけシート」というワークシート（A3片面）を作成し、HP上で無料でダウンロードできるようにしました。住宅の将来の方向性を決めるために必要な最低限の項目が記載されており、シートを見ながら家族でわいわい話し合えるようになっています。

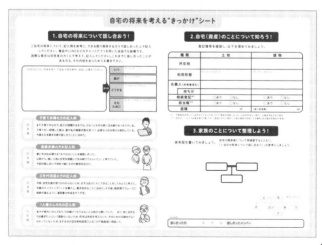

図 2-11　ワークシートの例

02 内容を決める

📝 一般的な進めかた

　話し合いを促す方法が決まれば、次にどのような内容で効果的に話し合いを促すのか検討する必要があります。

　まずは、「自宅の将来について家族や親族と話し合いましょう」と直接問いかけてみましょう。例えばアンケートであれば、話し合いを促すために、話し合った内容を回答してもらう設問を設ける方法が考えられます。話し合った内容を実際に書き出して第三者の私たちに返答してもらうことで、自然とその内容に対する責任感を持ってもらうことを狙っています。その際、自宅の将来は人によって多種多様ですので、選択式の回答とするのは困難かもしれません。一方で自由記述方式とすると回答率が下がってしまうため、細部に工夫を施しましょう（詳細は右ページに記しています）。

　また、どんなツールで実施するにしても、家族が顔を突き合わせ、検討材料となる資料などを見ながら話し合うことが理想です。検討のための情報提供を同時に行うことで、より具体的な話し合いを促進することができます。

　ワークシートをツールとして使うのであれば、エンディングノートのように保管するためのものとして活用してもらう方法も考えられます。家系図や資産情報などの記載欄を設けてもよいでしょう。

🔨 岡山・空き家を生まないプロジェクトでの進めかた

アンケートでは、住宅の将来について関係者間で確認するための設問や行動の具体的な内容を確認するための設問などを用意しました。

前者の設問では、住宅の将来について関係者間で確認するための設問を一問目に自由記述方式で用意しました。これは、回答者自身の考えや状況をまず整理してもらうという意図もありますが、最初の目立つ位置に配置することで、アンケートに回答することをきっかけに、話し合ったり考えたりしてもらうことを促す狙いがありました。また、対面での会話だけでなく電話や LINE などを用いた会話でも良いとするなど、できるだけ記入してもらえるような工夫をしました。またどうやって書けばよいか分からない人に向けた記入例も同封しています。

アンケートで話し合いを促す場合は、回収率を向上させるために、設問の簡素化を図ることも効果的です。A4 サイズで 2 ページ（両面 1 枚）とし、最低限必要な項目（属性、自宅の将来の方向性、行動変容の有無）で設問を構成するだけで十分な効果が得られます。

図 2-12　2021 年度のアンケート表面

03 実践する

✎ 一般的な進めかた

　話し合いを促す形、内容が整ったら、住宅所有者を対象に実践してみましょう。

　アンケート形式であれば、限定した範囲に確実に届けるために、そして高齢の方でも回答できるように、ウェブではなく紙ベースでのアンケート（ウェブの併用も可）が望ましいです。配布方法は、郵便ポストへ直接投函する、郵送するなどがあります。話し合う期間も見込んで、配布から回収までは３〜４週間程度がよいでしょう。これより短いと話し合うタイミングがつくれませんし、長いと先延ばしになって結局アンケートのことを忘れられてしまうかもしれません。

　ただし、いきなりポストにアンケートが配られていた場合、受け取った住民は警戒します。事前の案内を十分に行うなど、取り組みへの理解を促した上で慎重に臨みましょう。

岡山・空き家を生まないプロジェクトでの進めかた

本プロジェクトでアンケートを実施するにあたっては、まず配布の約２週間前に、事前案内文を全戸に直接配布しました。

事前案内文では、行政・大学の協働プロジェクトであることを伝え、取り組みに対する住民の不信感を払しょくし、さらに住民の方々の具体的な行動こそが、地域の魅力の向上につながることを訴えかけ、回収率の向上に努めました。

実際のアンケートは、対象地域の持ち家（と思われる家）に直接配布しました。なお、関心が高い世帯にアプローチすることが重要ではありますが、世帯年齢を特定するのは困難であり、できるだけ早い段階からのアプローチが必要であることから、エリア内の戸建住宅全戸にアンケートを配布しています。

回収は、返信用封筒を同封し、郵送してもらうようにしています。

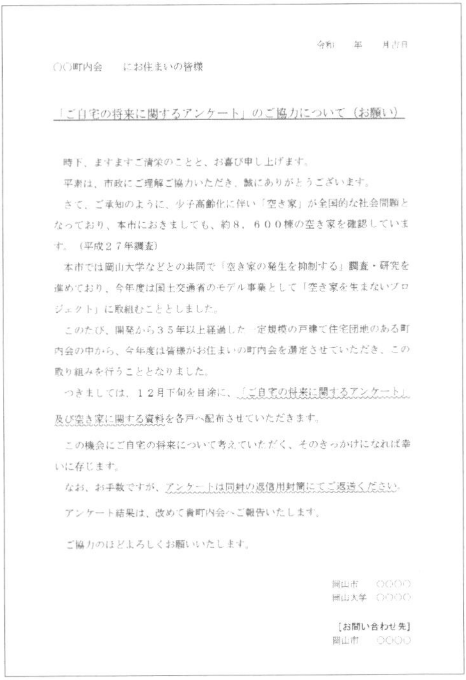

令和　年　月吉日

○○町内会　にお住まいの皆様

「ご自宅の将来に関するアンケート」のご協力について（お願い）

時下、ますますご清栄のことと、お喜び申し上げます。

平素は、市政にご理解ご協力いただき、誠にありがとうございます。

さて、ご承知のように、少子高齢化に伴い「空き家」が全国的な社会問題となっており、本市におきましても、約８，６００棟の空き家を確認しています。（平成２７年調査）

本市では岡山大学などとの共同で「空き家の発生を抑制する」調査・研究を進めており、今年度は国土交通省のモデル事業として「空き家を生まないプロジェクト」に取組むこととしました。

このたび、開発から３５年以上経過した一定規模の戸建て住宅団地のある町内会の中から、今年度は皆様がお住まいの町内会を選定させていただき、この取り組みを行うこととなりました。

つきましては、１２月下旬を目途に、「ご自宅の将来に関するアンケート」及び空き家に関する資料を各戸へ配布させていただきます。

この機会にご自宅の将来について考えていただく、そのきっかけになれば幸いに存じます。

なお、お手数ですが、アンケートは同封の返信用封筒にてご返送ください。

アンケート結果は、改めて貴町内会へご報告いたします。

ご協力のほどよろしくお願いいたします。

岡山市　○○○○
岡山大学　○○○○

[お問い合わせ先]
岡山市　○○○○

図 2-13　アンケート事前案内文の例

04 結果をまとめる

✏️ **一般的な進めかた**

　実践したら終わりではなく、得られた結果を取りまとめ、有効に活用しましょう。

　アンケートであれば、回収した結果をエクセルなどの表計算ソフトで取りまとめましょう。家族と話し合った人の割合や、実際に具体的な行動を起こした人の割合など、行動変容の結果を分析するために役立ちます。

　また実際に行動変容した人が、その先専門家とつながり、空き家にさせずに済んだかまで確認するような追跡調査を行うことで、より具体的な効果検証ができます（ただし、そのためには当然本人の同意が必要であり、アンケートに氏名などの個人情報を記入してもらう必要があります）。

⚒ 岡山・空き家を生まないプロジェクトでの進めかた

回収したアンケート用紙の結果をエクセルに入力し集計しました。将来の方向性を記入した自由記述形式の設問は、全ての内容を入力後、「相続」「売却」などグループ分けをしています。

入力した結果は、単純集計やクロス集計などを行い分析に使用しました（詳細は PHASE:6 にて説明します）。

回答者番号	【問1】 話し合った結果（自由記述）		【問2】 住宅の所有者	【問3】 属性	
	どなたと	どのような内容		性別	年齢
1	妻、子ども	自宅の生前贈与手続きを進めることにした	本人	男性	60代
2	息子夫婦	リフォームして住み続けることにした	世帯主	男性	60代
3	妻、子ども	現在の家の処分は娘たちに任す。好きにすれば良いと伝えた	本人	男性	50代
4	妻	健康状態を見つつ必要なら住み替える	本人	男性	70代
5	家族全員	高齢になって自分が施設に入所した場合に、後を継いでもらう	その他	女性	70代
6	子ども	空き家になるなら手放すよう伝えた	本人	男性	50代

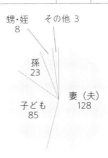

甥・姪 8
その他 3
孫 23
妻（夫）128
子ども 85

図 2-14　エクセルでの集計の例

PHASE：5

専門家に引き継ぐ

01 サポートする形を決める

✏️ 一般的な進めかた

　専門家による支援方法としては、セミナーや講演会、ワークショップ、個別相談会や相談窓口の設置などがあります。

セミナー、講演会

　個人の問題（相続や維持管理、賃貸・売却など）と地域の問題の視点から、事前に行動しないことで引き起こされる問題や、所有者（あるいは相続人）がすぐにでもできることなどについて各専門家から解説します。住民の空き家に対する理解を深め、それぞれが抱える家の悩み、不安を解消することができます。

ワークショップ

　自宅、あるいは地域を題材とし、空き家を生まないために何をすべきか参加者自身に考えてもらいます。自宅の空き家問題を地域の課題としても認識してもらうことで、自宅の将来について考えるきっかけを与え、地域全体で意識を高め合い、将来に向けた行動変容を促すことにつながります。

個別相談会、相談窓口

　具体的な悩みを抱える住民に対して、対応する専門家が個別に解決策を提案することで、将来に向けたより具体的な行動を促し、空き家になることを防ぐことができます。

🔨 岡山・空き家を生まないプロジェクトでの進めかた

　本プロジェクトでは、セミナー、ワークショップ、個別相談会を組み合わせた、三部構成によるプログラムを基本とし、相乗効果を図っています。セミナーとワークショップを組み合わせることで、セミナーで学んだ内容をワークショップによって参加者自身に定着させることを可能とし、さらに相談会をセットとすることで、「所有者から専門家に直接連絡する行為自体のハードルが高い」という心理的障壁を解消することを狙いとしました。

　サポートする形を決める際には、地域住民（町内会役員）と事前調整のもと、構成・内容を決定しました。検討にあたり、最初は本プロジェクトの目的である「空き家を抑制し地域の持続可能性を高めること」を前面に押し出しすぎ、地域住民の方から「地域のことを良くしようと思って空き家を解消しようとする人がどれほどいるのか」といった意見をいただくこともありました。個人の問題である空き家をどのように地域の問題として捉えてもらうか、またはこんな方法であれば参加しやすい、こんな内容であれば住民のためになるのではないかなど、協議を重ね地域に応じた最適な方法を見出していきました。

O2 体制を整える

✏️ 一般的な進めかた

　空き家にさせないために解決すべき問題と、それに対応する専門家の一例を以下に示します。実施したい内容に応じた専門家を集める、あるいは自分たちのチームの体制でできる内容を実践するなど、最適な方法を検討しましょう。

表 2-2　専門家の一例

実施内容	対応する専門家
相続・遺産分割や紛争 相続登記、遺言作成	弁護士、司法書士、税理士
建物のリフォームや 耐震、除却などの工事	建築士、工務店、リフォーム事業者
家屋や土地の境界 不動産登記	土地家屋調査士
賃貸、売却	不動産事業者
家財道具の整理	片付けアドバイザー、リサイクル業者
費用支援	金融機関
ライフプラン、資産計画	ファイナンシャルプランナー
手続き、活用方法	行政

➤ 岡山・空き家を生まないプロジェクトでの進めかた

本プロジェクトでは、以下のような体制でセミナー、相談会を実施しました。基本的には自分たちのチームの体制でできる内容を実践することとしましたが、不動産関係の質問が多いことが想定されることから、メンバーにつながりのあった不動産コンサルタントに相談を持ち掛け連携することとしました。

セミナー

表2-3　セミナー時の専門家の一例

セミナーの内容	対応する専門家
地域で考える空き家問題について	建設コンサルタント
相続、登記などについて	司法書士
リノベーション、管理、利活用、除却について	建築士、工務店
賃貸、売却について	不動産コンサルタント
質疑応答	全員

相談会

表2-4　相談会時の専門家の一例

相談会の内容	対応する専門家
相続・遺産分割や紛争相続登記、遺言作成	弁護士、司法書士
建物のリフォームや耐震、除却などの工事	建築士、工務店、リフォーム事業者
賃貸、売却	不動産事業者

03 内容を決める

✏ 一般的な進めかた

　サポート方法が決まれば、実際にセミナーや相談会などの具体的なプログラムについて検討する必要があります。

　プログラムの検討にあたっては、体制や時間配分を踏まえ無理のない内容としましょう。また、セミナーや相談会を同時開催とする場合も、セミナー終了後に希望者のみ相談会とするのか、相談会をメインとしつつ希望者のみセミナー受講可能とするのか、さまざまな方法があります。

　セミナーの内容については、専門家と相談しながら検討しましょう。事前に行動しないことで引き起こされる問題や、実際に起こった問題事例の紹介、所有者（あるいは相続人）がすぐにでもできることなど、参加者が必要としている情報を提供しましょう。

　住宅所有者の関心や意識、置かれた状態は人によってさまざまで、ライフステージによって変化することもあります。セミナーの中で、特定の状況下にある所有者に直接的に訴えかけるような内容を、事例を交えながら一部取り入れることも効果的です。

　ワークショップでは、参加者自身が考えることで行動につながることを理解してもらいながら、さらには意見を共有し合うことで互いに地域を良くしていこうという意識を醸成することが重要です。

🔨 岡山・空き家を生まないプロジェクトでの進めかた

本プロジェクトでは、セミナー、ワークショップ、個別相談会の順で参加者が全プログラムに参加できるような構成としました。プログラムや時間配分は以下のとおりです。

① セミナー：60分（15分×4人の専門家）
② ワークショップ：30分
③ 個別相談会：30分／組

セミナーでは、個人および地域の視点から、住宅所有者が事前に行動すべき内容などについて、各専門家より実際の事例などを交えながら説明を行いました。

ワークショップでは、空き家を生まないために参加者自身ができること、あるいは地域住民みんなでできること（誰かにやってもらいたいこと）について意見を出し合い、内容を参加者全員で共有しました。

また、それがすぐに実行できることなのか、時間をかけてじっくりやるべきことなのかも踏まえ、以下のようなプロット図に意見を張り付け全体を総括しました。

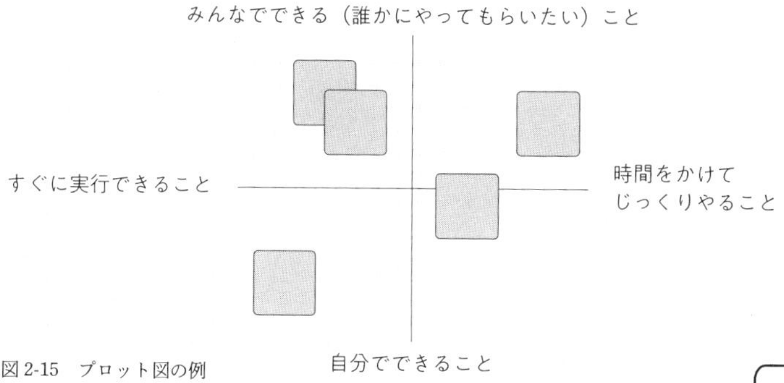

図 2-15　プロット図の例

04 実践する

✏ 一般的な進めかた

前述の「内容を決める」とも連動するところがありますが、セミナーや相談会の実践にあたって必要な条件を整理しましょう。

開催日は平日なのか休日なのか、午前・午後どちらか、会場はどこにするのか、会場の収容人数はいくらで参加目標人数をいくらにするか、参加者はどのように集めるのか、募集する対象範囲はどうするのか、参加いただいた人を専門家にどのように割り振るのか、などなど決めなければなりません。こちらも地域住民と調整しながら、できるだけ参加者が参加しやすい方法を選びましょう。

⚒ 岡山・空き家を生まないプロジェクトでの進めかた

本プロジェクトでは、情報の提供や話し合いの促進（アンケート）と、専門家による支援を一連のプログラムとして提供しているため、アンケート実施地域の方々をメインの対象としてセミナー、ワークショップ、相談会を行いました。したがって、会場もアンケート実施地域にできるだけ近い場所（公民館や集会所など）とし、参加者の参加しやすい日時を設定しました。

そしてアンケート実施後できるだけ期間を空けずにセミナー、ワークショップ、相談会を開催する方が有効です。住民の意識が高まっているうちに参加を募るため、アンケートに開催案内のチラシを同封するほか、開催の周知（回覧・掲示など）を町内会役員に協力いただくなど、地域住民との密なコミュニケーションを継続しました。

相談会にあたっては、簡単な相談内容を相談カードに事前に記入してもらい、その内容を踏まえ不動産コンサルタント（岡山住まいと暮らしの相談センター）が各専門家に割り振るような進め方で行いました。

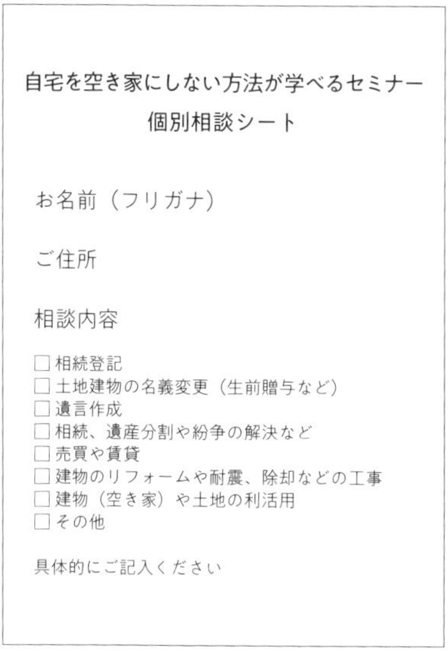

自宅を空き家にしない方法が学べるセミナー
個別相談シート

お名前（フリガナ）

ご住所

相談内容
☐ 相続登記
☐ 土地建物の名義変更（生前贈与など）
☐ 遺言作成
☐ 相続、遺産分割や紛争の解決など
☐ 売買や賃貸
☐ 建物のリフォームや耐震、除却などの工事
☐ 建物（空き家）や土地の利活用
☐ その他

具体的にご記入ください

図2-16 事前に記入してもらった相談カードの例

05 次につなげる

✏ 一般的な進めかた

　セミナーや相談会などで一度専門家とつながったら、問題が解決するまでその先もつながり続けなければ、空き家の発生を防ぐことにはなりません。

　例えば、個別相談会という形で実施した場合、一回の相談会ではすべての問題を解決できないことも考えられます。そのため相談会終了後には専門家との直接のやりとりを促すなど、その後も専門家から支援を受け続けられる仕組を構築しておきましょう。

　また、特に専門家に相談するような悩み事がない方もいらっしゃいます。そういった方には、登記の確認やエンディングノートの作成など、将来に向けた準備・行動を促すようなサポートをしてあげましょう。

　なお、自分のつながりや体制では住民の相談に対応できない場合は、各地域の自治体の相談窓口や、民間の総合相談窓口となる役割を持った団体と連携を図り、連絡が来た際につなげるようにすることが望ましいです。

🔧 岡山・空き家を生まないプロジェクトでの進めかた

　セミナー参加者にエンディングノートを無料で配布し、実践してもらうように促しました。終了後のアンケートにて、一部の人からは作成する意思を確認することもできました。個別相談会の後に所有者と専門家が直接やり取りを行い、実際に問題が解決した事例もあります。

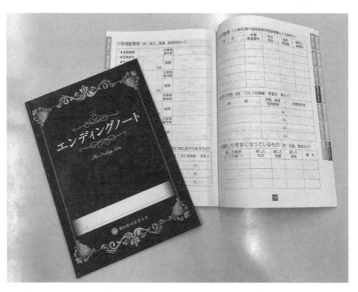

図 2-17　実際に配布した「エンディングノート」

岡山県司法書士会（あかぎ法務事務所）

赤木 智江さん

専門家

Q：司法書士会として空き家対策に取り組む中で、これまでどのような課題を抱えていましたか？

　岡山県司法書士会では、空家対策特措法施行後、空き家問題対策プロジェクトチームを発足し、自治体へ空き家対策の協定を結ぶために働きかけをしてきましたが、当時は自治体側の動きも鈍くなかなか協定を結ぶには至りませんでした。2018年にはじめて空き家対策の協定が結ばれましたが、内容は総論的なものに留まり、具体的ではなかったため使用されることはありませんでした。

　その後、各自治体で空き家対策の協議会が設立されていく中で、司法書士会から委員を推薦して参加したり、空き家コンシェルジュといった相談員などの派遣に参加したりするようになりました。一方で、そうした下請けのような形ではなく、相続調査の対応など、具体的な案件の依頼につながるような協定を結び、協働してやっていきたいという思いが司法書士会にはありました。

Q：本プロジェクトに参画することを決めた理由（司法書士会としての参画意義）は何ですか？

　倉敷のまちづくりイベントにて、プロジェクト発足人である岡山大学 氏原先生にお会いしたのがきっかけです。最初は参画のしやすさを理由に個人として参画してみましたが、会として関わっていくべきと考えて司法書士会として参画することになりました。

　参画理由としては、産官学が連携して空き家問題に取り組むことに期待が持てたことや、業務内容的にも力になれることがあると考えたためです。空き家を未然に防ぐというコンセプトも司法書士会と一致し、会として参加することとなりました。また、SDGsの目標の中にある「11.住み続けられるまちづくりを」や「17.パートナーシップで目標を達成しよう」など、社会のニーズにも合致していることからも、司法書士会として関わっていくべきと思いました。

Q：本プロジェクト以外にまちづくりに関する取り組みをされていますか？

「公益財団法人 みんなでつくる財団おかやま」の理事をしています。多くの方と関わるので、司法書士としても、そうでなくても、何かできることがあればと思っています。被災地支援に関わったことをきっかけに、まちづくりに関する取り組みを積極的に行っている人達と出会ったのも、何かできることはないかと考えるきっかけになりました。

Q：本プロジェクトではどのような役割を担ってきましたか。

プロジェクト全般に渡り、企画のアイデア出し、制作物への意見出しなど、一緒になってプロジェクトをつくってきました。また、セミナー・相談会にて、司法書士として参加し、専門的なアドバイスなどをさせていただきました。

Q：本プロジェクトにどのような想いで関わってきましたか？

リノベーションや古民家再生、DIY などが好きという個人的な関心と、仕事柄中古物件を扱うことが多いという仕事としての関心がありました。新築住宅がどんどんと建てられる一方で、空き家も次々と発生しているという点にジレンマも感じておりました。一方、徐々に若い世代の中古物件への関心の高まりも感じており、まちづくりの観点からも、本プロジェクトを通じて住宅市場がうまく活発化していけば良いと期待しています。

Q：司法書士として、岡山のまちづくりにどのような未来を望みますか？

マンションが次々と建つことに対して、数年後どうなるのかということを危惧しています。一人ひとりが住環境や家の将来に関心を持って、建てる時からいずれ壊す時にも費用が掛かることをきちんと知り、考えていってほしいです。また、空き家にならないための対策や、同じ場所にずっと住むのではなく生活の変化に応じて住み替えをする意識を持つようになったら良いと思います。

司法書士としては、相続対策や成年後見・任意後見など、今のうちから対策として気軽に相談してほしいです。

PHASE：6

評価・改善する

1 ▸ 2 ▸ 3 ▸ 4 ▸ 5 ▸ PHASE：6

01 結果を分析する

✏ 一般的な進めかた

　話し合いを促すアンケートや、セミナー、相談会などについては、実践結果を分析し、どれくらいの効果が得られたのか、定量・定性的に分析しましょう。

　まずは、アンケート結果をもとに、自宅の将来について家族や親族などと話し合った人の割合はどれくらいか、またどのような話が行われていたのか確認しましょう。加えて、アンケート結果から実際に行動変容を起こした人の割合や、その行動の内容について、整理しましょう。

　ただし、いろいろな視点から分析をしたいと欲張り、アンケートを複雑化することで回収率が下がってしまったら本末転倒です。地域住民に負担をかけないために、なるべくシンプルに、最低限度のデータを得るような内容としましょう。具体的な項目は前述した通り p.86-87 に記しています。

　続いて、セミナーやワークショップに関しては、終了後に参加者に簡単なアンケートを実施することで、内容に関する満足度や改善点などを把握しましょう。

⚒ 岡山・空き家を生まないプロジェクトでの進めかた

　本プロジェクトでの分析結果の例として、2020 年は、アンケートの回収率は 23% で、そのうち 87% の方が住宅の将来について考えたり、家族と話し合ったりしてくれました。また、アンケート回答者のうち 19% が、アンケートによるアプローチをきっかけに、エンディングノートの作成や登記の確認などの具体的な行動を起こしました。なお、2021 年は、アンケートの回収率は 35% で、そのうち 75% の方が住宅の将来について考えたり、家族と話し合ったりしてくれました。また、アンケート回答者のうち 12% が、アンケートによるアプローチを受け、具体的な行動を起こしました。

　2021 年度はセミナー、ワークショップ、相談会を開催することができました（2020 年度はコロナ禍で実施できず）。最終的に 3 件の相談対応を行い、実際に空き家になることを防ぎました。

図 2-18　セミナーのようす

02 地域にフィードバックする

✏️ 一般的な進めかた

プロジェクトのフィードバックも住民とのコミュニケーションの一環です。住民に安心感を与えることに加え、自分自身の行動変容の結果が地域の問題解決に結び付いていることが目に見えて分かり、継続的な行動や周囲への行動の波及が期待されます。また、今回は行動変容しなかった方にも、身近な方々の行動変容の内容を見てもらうことで、その後の本人の行動につながるかもしれません。

アンケートを実施した場合は、p.91 で分析し得られた結果などをグラフなどで分かりやすく整理し、地域住民の方にお知らせしましょう。紙の資料でフィードバックする場合には、文字の量や大きさ、資料の見やすさなどに十分配慮しましょう。

セミナーやワークショップを実施した場合であれば、結果を取りまとめ参加者に許可を得た上で地域に広報しましょう。やむを得ず参加できなかった方への情報共有だけでなく、地域として空き家対策に取り組むべきという機運の高まりにつながります。

🔨 岡山・空き家を生まないプロジェクトでの進めかた

本プロジェクトの1年間の取り組み終了後、取り組み結果を
ニュースレターとして取りまとめ町内会役員に直接説明、または
回覧することで、対象者にフィードバックを行いました。

ニュースレターは、取り組みをきっかけに住宅の将来について
話し合ったり考えたりした人の割合や、実際にどのような行動を
起こしたか、またワークショップで挙がった意見などを分かりや
すく示す内容としました。

○○団地の皆さまへ

「ご自宅の将来に関するアンケート」(2021年10～11月実施)
調査結果の概要

この度はアンケート調査にご協力いただき、ありがとうございました。
調査結果の概要をご報告いたします。

- -

【アンケート回収率】　　　　　**【プロジェクトをきっかけとした話し合い】**

35%の回収率となりました　　　　75%の方が自宅の将来について
　　　　　　　　　　　　　　　　話し合ったり考えたりしてくれました

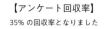

回収部数　35%
未回収部数　65%
配布部数　1185部

何も考えなかった　25%
関係する方々と話し合った　44%
一人で考えた　31%
回答　393名

- -

【プロジェクトをきっかけとした行動変容とその内容】

回答者のうち、12%の方が、プロジェクトをきっかけに具体的な行動を起こしてくれました。

- ・エンディングノートの作成
- ・登記の確認
- ・遺言書の作成
- ・生前贈与の手続き
- ・不動産屋への相談
- ・本やインターネットでの情報収集
- ・家族、親族など身内での情報収集や交換

ほか

図 2-19　ニュースレターの作成例

03 改善点を探る

✏ 一般的な進めかた

　前述の通り、本アプローチは、市全域などの広範囲で一度に実施することは困難であり、1000戸程度の団地などエリアを絞って実施していきます。次に別の地域で取り組みを行うために、取り組みの反省点を整理し、改善点を探りながら、自分たちにとって最適な方法を確立しましょう。

　改善する内容としては、例えばアンケートの回収率向上や行動変容の割合の増加に向けた方法、セミナーや相談会への参加者を増やすための方法などが考えられます。地域住民との関わり方、リーフレットやセミナーなどで提供する情報の内容の変更、アプローチのタイミングの変更など、修正できるポイントを探りながら改善を図りましょう。

🔨 岡山・空き家を生まないプロジェクトでの進めかた

　本プロジェクトでは、まずアンケート回収率向上に向けた方策として、アンケート調査票の簡素化を試行してみました。A4サイズで4ページだったものを2ページに縮小し、最低限必要な項目（属性、自宅の将来の方向性、行動変容の有無＋箇条書き）にて設問を再構成しました。結果、回収率が23%から35%と大幅に上昇しました。

　また、行動変容や家族と話し合う人の割合を高めるために、アプローチする時期を年末年始とそれ以外（10月頃）で実施したり、配布資料の数を調整し比べてみました。アプローチする時期に関しては、年末年始の方が行動変容する割合が高く、やはり家族が集まりやすい時期にかけてアプローチすることが効果的であることが実証されました。一方で、配布資料の数については、多い方が行動変容する割合が低く、量を増やしたことによってかえって複雑化してしまい、十分な検討ができなかったのではないかと推察されます。

　以上のように、このアプローチにはまだまだたくさんの課題が残されています。回収率や行動変容の割合を高めるためにどうすれば良いか、全国各地での数多くの実践の蓄積が必要です。

図2-20　各住戸に配布した資料

04 効果を高める

✏ 一般的な進めかた

　本アプローチの効果をより高めていくため、効果的に行動変容を促進するために考えうる方策を以下に示します。

　一つ目は、対象とするターゲットを絞ることです。住宅の将来に対する所有者の関心や置かれている状態は人によってさまざまで、ライフステージによって変化することもあります。まずは所有者の関心のレベルを引き上げ、さらに特定の状況・意識下にある所有者にピンポイントでアプローチすることにより、効果的に行動変容を促進することが可能となります。

　住宅の将来に関心のない住宅所有者に対し、まずは関心のレベルを引き上げることが重要です。その関心のレベルが上がっていく過程で、さまざまな不安や問題と直面することがあり、それぞれに応じた綿密な支援が必要となります。

　二つ目は、提供する情報の具体化です。例えば、相続や売却などの方向性が決まれば、その方向性ごとに所有者自身が"生前にできること"がいくつかあります。方向性別の行動フローとその中で事前にできることを分かりやすく示しながら、住宅所有者へのアプローチや専門家による支援をよりきめ細やかに実施することで、具体的な行動の促進につながります。

　他にも、家族や親族と話し合うことでどのようなメリットが得られるのか、あるいはデメリットを回避できるのか、具体的な金額や数値を提示する方法もあります。

岡山・空き家を生まないプロジェクトでの進めかた

一つ目の点については、関心のレベルを引き上げる上で直面する「住宅所有者の状況」について細分化し、それぞれに対応する支援の方法を整理しました。

表 2-5　所有者の状況とその支援

	住宅所有者の状況（例）	支援の方向性
漠然とした不安	・住宅の将来は決まったが何から手を付けたら良いか分からない ・今後困ることになったときの相談先が分からない ・専門家に直接連絡、相談することに抵抗がある	住宅所有者と専門家を抵抗なくスムーズにつなぐような環境や相談体制の構築
具体的な問題	・子供が自立したので便利な街中に住み替えたい ・家族や隣人などと揉めている ・高齢かつ頼れる人がいない ・病気や怪我などで自分では行動できない	各問題に対応する専門家による具体的な支援や代行サービスの推奨など

また、本取り組みは、住宅の所有者本人にアプローチをするものですが、住宅所有者だけでなく、その相続人を対象としたアプローチも同じくらい重要となります。最終的には、所有者、相続人の両方へのアプローチができれば望ましいと考えます。

そして二つ目の点については、相続人に全ての負担をかけるのではなく、生前にできることを所有者自身で行うことで負担を平準化できるよう、住宅の将来の方向性（相続（及び生前贈与）、リフォーム、売却（賃貸））ごとに、行動の具体的なフローや所有者自身が事前にできることを専門家へのヒアリングのもと整理しました（p.116）。

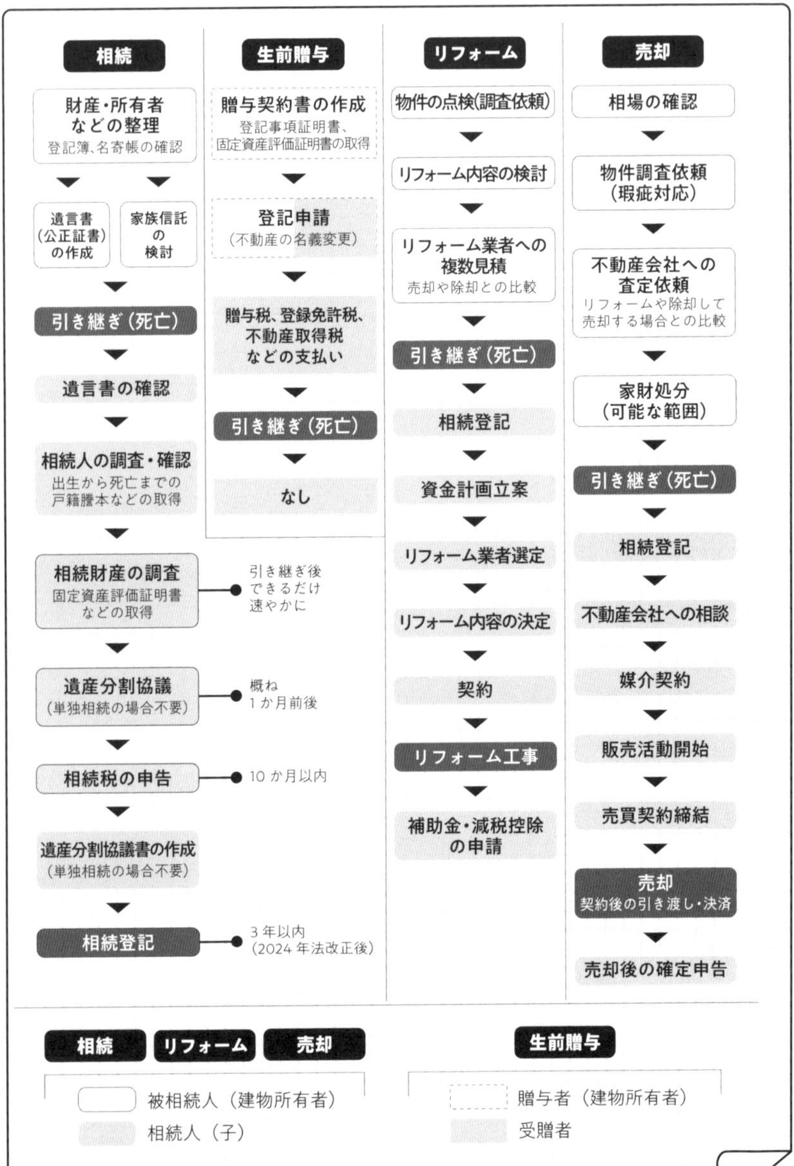

相続

財産・所有者
などの整理
登記簿、名寄帳の確認

▼

遺言書 (公正証書) の作成	家族信託 の 検討

引き継ぎ（死亡）

▼

遺言書の確認

▼

相続人の調査・確認
出生から死亡までの
戸籍謄本などの取得

▼

相続財産の調査
固定資産評価証明書
などの取得 ● 引き継ぎ後
できるだけ
速やかに

▼

遺産分割協議
（単独相続の場合不要） ● 概ね
1か月前後

▼

相続税の申告 ● 10か月以内

▼

遺産分割協議書の作成
（単独相続の場合不要）

▼

相続登記 ● 3年以内
（2024年法改正後）

生前贈与

贈与契約書の作成
登記事項証明書、
固定資産評価証明書の取得

▼

登記申請
（不動産の名義変更）

▼

贈与税、登録免許税、
不動産取得税
などの支払い

▼

引き継ぎ（死亡）

▼

なし

リフォーム

物件の点検(調査依頼)

▼

リフォーム内容の検討

▼

リフォーム業者への
複数見積
売却や除却との比較

▼

引き継ぎ（死亡）

▼

相続登記

▼

資金計画立案

▼

リフォーム業者選定

▼

リフォーム内容の決定

▼

契約

▼

リフォーム工事

▼

補助金・減税控除
の申請

売却

相場の確認

▼

物件調査依頼
（瑕疵対応）

▼

不動産会社への
査定依頼
リフォームや除却して
売却する場合との比較

▼

家財処分
（可能な範囲）

▼

引き継ぎ（死亡）

▼

相続登記

▼

不動産会社への相談

▼

媒介契約

▼

販売活動開始

▼

売買契約締結

▼

売却
契約後の引き渡し・決済

▼

売却後の確定申告

相続 **リフォーム** **売却**	**生前贈与**
⬜ 被相続人（建物所有者） ▨ 相続人（子）	⬜ 贈与者（建物所有者） ▨ 受贈者

図 2-21　所有者自身ができること

116

3 章 | 全国の 先進事例

全国各地の取り組み

　空き家対策には、大きく分けて「空き家発生前」の対策と「空き家発生後」の対策が存在します。多くの自治体では空き家バンクの運営、空き家利活用や除却に対する補助など「空き家発生後」の対策が主流です。一方で、まだまだ数が少ない「空き家発生前」の対策ですが、全国の自治体や民間団体などが実施する先進的な取り組みもあります。

　図 3-1 は、建物の将来の方向性とそれに対する所有者の行動を整理したフローです。空き家発生抑制対策は、このフローの中の所有者の行動をサポートするもので、表 3-1 のように分類されます。なお、岡山・空き家を生まないプロジェクトの取り組みは、「住宅の将来が決まる」「住宅の将来に向けて行動する」「市場流通に向けて行動する」といった一連の流れを包括的に支援するものです。

　それぞれのカテゴリーからピックアップした 5 つの事例について、次節より紹介します。

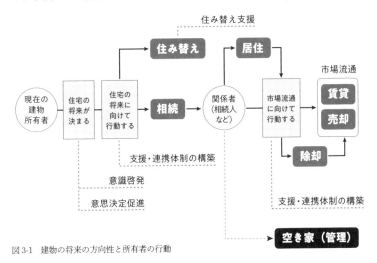

図3-1　建物の将来の方向性と所有者の行動

表 3-1　空き家の発生抑制対策の分類

分類	手法	本章で紹介する事例	類似事例
意識啓発	・リーフレット ・セミナー ・エンディングノート	事例1 兵庫県	・自治体数か所 ・一般社団法人 　チームまちづくり
意思決定促進	・意思決定のための 　コンテンツ構築 ・リーフレット ・セミナー	事例2 株式会社こたつ生活介護 事例3 NPO法人ふるさと福井 サポートセンター	・NPO法人 　グリーンバレー ・NPO法人 　岐阜空き家・ 　相続共生ネット
住み替え支援	・ポータルサイト ・相談会	事例4 NPO法人都民シルバー サポートセンター	株式会社ケア・ フレンズ
支援・連携体制の構築	・相談窓口の一元化 ・相談のための 　コンテンツ構築	事例5 太宰府市空き家予防推進 協議会	木更津市

事例1
所有者に向けた意識啓発の手立てづくり

- 実施主体：兵庫県
- 分類：意識啓発/ガイドブック/所有者向け

見どころ

空き家に"なる前"に事前に知っておくことや準備しておくことについて、住宅所有者向けに分かりやすく解説したガイドブックであること。

1）概要

- 兵庫県が2019年10月に発行したガイドブック「損する空き家 損しない空き家～空き家発生予防のための23箇条～」。空き家で損をしないために、建物の状況や住民の考え方に応じた知識や対処方法などが記載されています。

図 3-2　ガイドブック表紙

2）取り組み内容

- 一般的な空き家のリーフレットやガイドブックは、「自分が所有している空き家をどうすれば良いか」について解説したものが主流です。一方で本ガイドブックでは、空き家がなぜ問題なのか、どうすれば空き家にならないのか、空き家になってしまった場合どうすれば良いかなど、空き家になる前に知っておくことや準備しておくことについて、住宅所有者向けに分かりやすく解説されています。
- 空き家は身近な問題であり、住宅が空き家になることで「損」

をするということ、周りに迷惑をかけることなどを、具体例と
合わせて明示されています。
・ 構成は図3-3のようになっており、自分の状況や考えに応じた
ページから閲覧できます。

3）取り組み体制

・ 作成：兵庫県
・ 発行：ひょうご住まいづくり協議会
・ 監修：兵庫県
・ 本冊子は、弁護士・司法書士など専門家の意見を聴取しなが
ら、2018年度に兵庫県にて作成されました。2018年度末に県
で8000冊発行し、好評だったことから翌年10月にひょうご住
まいづくり協議会*の予算で1万冊増刷されたそうです。

＊行政、住宅関連事業者団体及び消費者団体などで構成され、各団体が県内の住生活に関わ
る取り組み全般について総合的に協議しながら、住宅政策を推進しています（事務局：兵庫
県住宅政策課）。

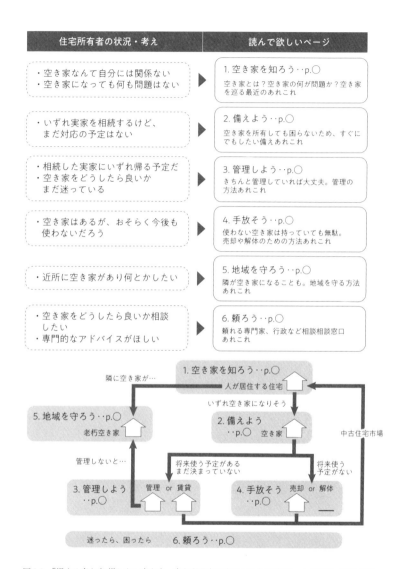

住宅所有者の状況・考え	読んで欲しいページ
・空き家なんて自分には関係ない ・空き家になっても何も問題はない	1. 空き家を知ろう‥p.○ 空き家とは？空き家の何が問題か？空き家を巡る最近のあれこれ
・いずれ実家を相続するけど、まだ対応の予定はない	2. 備えよう‥p.○ 空き家を所有しても困らないため、すぐにでもしたい備えあれこれ
・相続した実家にいずれ帰る予定だ ・空き家をどうしたら良いかまだ迷っている	3. 管理しよう‥p.○ きちんと管理していれば大丈夫。管理の方法あれこれ
・空き家はあるが、おそらく今後も使わないだろう	4. 手放そう‥p.○ 使わない空き家は持っていても無駄。売却や解体のための方法あれこれ
・近所に空き家があり何とかしたい	5. 地域を守ろう‥p.○ 隣が空き家になることも。地域を守る方法あれこれ
・空き家をどうしたら良いか相談したい ・専門的なアドバイスがほしい	6. 頼ろう‥p.○ 頼れる専門家、行政など相談相談窓口あれこれ

図3-3 「損する空き家 損しない空き家〜空き家発生予防のための23箇条〜」の構成（実物を元に筆者作図）

第06条
お金がかかります。

空き家の所有には、様々な費用が必要です。
固定資産税、水道・ガス・電気の基本料金、破損部分の修理など。
さらに劣化が進んだ結果、税金が増えたり、損害を与えた方への賠償金が必要になることもあります。

13

空き家の所有に必要となる一般的な費用の例

● 固定資産税
税額は建物や敷地の固定資産税評価額×1.4%など。ただし、住宅用地について特例があり、固定資産税評価額が6分の1などに減額されています。
なお、空き家になって老朽化しても建物の固定資産税評価額が0円になることはありません。
（参考）特定空家等に対する住宅用地特例の適用除外
特定空家等に指定され、市町村から勧告を受けると、特例から外れ、税額が上がることがあります。
（→12ページ「適切に管理されていない空き家への措置」参照）

● 都市計画税
都市計画法による市街化区域内に所在する場合にかかります。税額は固定資産税評価額×0.3%など。

● 維持管理費
草刈り、破損箇所の修理、屋根の雪下ろしなど。

● その他
上記の他にも、必要に応じて、火災保険料や光熱水費、自治会費など。

（参考）過疎地域に空き家を所有するAさんの事例

種別	費用	備考
固定資産税	6.0万円	土地・建物
光熱水費	2.9万円	電気 ¥1,000・月＋水道 ¥1,400・月
除草費	1.2万円	不在者で依頼されることもある
維持管理費	6.9万円	空き家 ¥5,500×6回　　受付代金 ¥1,000×2回
合計	17.0万円	

第三者に危害を加えた場合の賠償金

劣化した建物などが第三者に危害を加えた場合、賠償が必要となるかもしれません（民法709条、710条及び717条）。

14

図 3-4　紙面サンプル

第04条
迷惑になります。

空き家は、周りに迷惑をかけます。
瓦や外壁が飛散したり、庭木や雑草が伸び、悪臭を放ち、犯罪に利用されるなど。結果として、周辺の資産価値も低下するかもしれません。
空き家は、もはや所有者だけの問題ではありません。

9

周辺の迷惑となる例

● 危険が及ぶ
劣化による外壁や瓦などにより、傷害や通行者の通行の妨げになったり、けがをさせる場合があります。また、台風や地震などの災害時には、屋根瓦の飛散、ブロック塀の倒壊など、いっそう危険性が高まります。さらに、これらが近隣住宅に損害を与えると賠償責任を受ける可能性もあります。

● 不衛生になる
すみついたネズミや野良猫は、空き家だけにはとどまりません。周辺の家にも、ノミやダニ、病原菌などを排出するなど、衛生上も影響を及ぼします。

● 景観を損なう
伸びっぱなしの庭木や雑草は、見た目にも好ましくありません。

● その他の迷惑
草木が障害や道路まで伸びると、通行の妨げになります。空き家にはゴミが不法に投棄されるおそれがあります。また、放火や犯罪者の潜伏など、犯罪の誘発にも繋がりかねません。
あなたの住まいだけでなく、地域全体の価値を低下させるおそれがあります。

トラブル事例2
2018年6月の地震、7月、9月に10月の集中豪雨で、空き家が周辺に波及を及ぼした。
・大阪府北部地震により、空き家の一部が倒壊し、職業の外壁を破壊

・台風の強風により、空き家の
　外壁が飛散し、隣のマンションを破壊
　屋根が飛散し、隣家の窓を破壊
　屋根瓦が隣家窓を破壊
・トラックが飛散し、隣家の倉庫の屋根を破壊
　道路を塞ぎまた空き家が倒壊し、通行止めの発生

10

図 3-5　紙面サンプル

参考（ひょうご住まいづくり協議会の構成団体）

- 行政など＝県内市町、法務省矯正局大阪矯正管区、法務省保護局神戸保護観察所、兵庫県住宅供給公社、（一財）神戸住環境整備公社、（独）都市再生機構西日本支社、（公財）兵庫県住宅建築総合センターひょうご住まいサポートセンター、（社福）兵庫県社会福祉協議会
- 住宅関連事業者団体＝11団体：（公社）兵庫県建築士会、（一社）兵庫県建築士事務所協会、（一社）兵庫県宅地建物取引業協会、（公社）全日本不動産協会兵庫県本部、（公社）兵庫県不動産鑑定士協会、（一社）日本住宅リフォーム産業協会近畿支部、（公財）日本賃貸住宅管理協会兵庫県支部、（一社）不動産流通経営協会近畿支部、（公社）全国賃貸住宅経営者協会連合会、（一社）兵庫県マンション管理士会、兵庫県弁護士会、兵庫県行政書士会
- 消費者団体＝２団体：兵庫県消費者団体連絡協議会、兵庫県連合婦人会

4）取り組み上の課題

- 空き家に対する予防意識を広めるため、現状で空き家に関係・関心のない方も含め誰もが空き家問題に主体的に関わり、参考にできる冊子にすること。

5）工夫のポイント

- 空き家所有者に多い高齢者だけでなく、土地を貸している方や空き家所有者の子ども、孫にもメッセージの重要性が届くように、読者が置かれている立場別（空き家を所有する高齢者・相続する子どもなど）に手引を構成し、自分が読むべき箇所がは

じめに分かるようになっています。

- 県内で実際にあった、空き家に関連するトラブル事例や空き家、空き地の利活用の成功事例などを県内市町の空き家対策担当者に聴取されています。その事例を掲載することで、空き家の問題をより身近に感じられるようになっています。
- 税金、相続、登記、保険など、住宅行政の専門分野以外の事項についても正確な知識を伝えるため、弁護士・司法書士などの専門家からの意見を聴取しながら作成されています。
- 本冊子の担当職員は、「役所の文書は分かりづらく、特に高齢者には読んでもらいにくい」と課題に感じていたそう。そこで本冊子では、左ページにイラストと伝えたいことを短い文章に凝縮させ、誰でもとっつきやすい手引になっています。「空き家の所有者に多い高齢者の方が、時間のある時にちらっと眺めて、少しでも頭に残してもらえればと思う」と担当の方。

6）取り組みの効果

- 冊子作成後、県の出先機関や市町、その他関係団体に配布したほか、地域の高齢者の利用が多く見込まれる小規模クリニックの待合室へ配置されました。
- 発行から4年経った現在でも、窓口などで冊子を知った住民の方やまちづくり協議会などから地区に配布したいと要望が届いているそうです。
- また2020年度には、本冊子の著作権を印刷業者から買収されました。県内市町だけでなく他府県の自治体からも本冊子を参考にしたいという要望があったため、掲載内容を適宜編集し、独自に印刷発注を行えるよう、複製の許諾を実施されています。

7）他地域への展開

- 本冊子をベースとして、和歌山県は、和歌山県版ガイドブック「損する空き家 損しない空き家～空き家発生予防のための23箇条～」、滋賀県は、滋賀県版ガイドブック「空き家ガイドブック ～空き家発生予防21カ条～」を作成、公表しました。
- 伊丹市は、管理不全の空き家が近隣に悪影響をおよぼす問題などを予防するために、空き家になる前に建物の将来を家族などと整理するための「建物管理シート お家のLife Plan」を発行しました。これは本冊子と連動しており、シート記入の際の参考資料としてガイドブックが利用できるようになっています。

8）その他：担当者の声

- 兵庫県では、予防、利活用、適正管理の三方向から空き家の総合的な対策を推進しています。今後も増え続けると予想される空き家を抑制するには、住宅所有者が「空き家を放置してはいけないという意識」と、「空き家を管理し活用するための知識」を持つことが重要であることから、本冊子を活用しながら、県民の方へのきめ細やかな意識啓発を行っていきたいです。

9）類似事例

① 自治体によるリーフレット、エンディングノートの作成、セミナーの実施
- 埼玉県：リーフレット「はじめませんか？家の終活」、セミナー「相続おしかけ講座」
- 国分寺市（東京都）：マイエンディングノート
- 町田市（東京都）：マイホームプランニングノート

- 神奈川県：空き家にしない「わが家」の終活ノート
- 松田町（神奈川県）：老後に備えて考える 失敗しないお家の話
- 川崎市（神奈川県）：これからの暮らしと家のことを考えるための冊子

② まちづくりの視点から空き家予防に向けた意識啓発
- 実施主体：一般社団法人チームまちづくり（東京都）
- 概要：主に郊外住宅団地を対象とした「私の空き家予防プラン作成事業」として、空き家予防実践ガイドラインや実践ノート、セミナーの動画を公開。さらに、「私の空き家予防プラン」に基づき、専門家が個々の事情に応じ「空き家予防計画実施提案書」を作成する仕組みづくりを行っています。
- 特徴：住宅地の空き家問題を「加害者×被害者」の観点で捉えず、"まち育て"の観点から自治会やNPOの役割を明確化した情報を提供しています。

事例 2
将来の住宅活用に向け、
所有者が事前に取り組む仕組みづくり

- 実施主体：株式会社こたつ生活介護
- 分類：意思決定促進/市場流通促進/マッチング/所有者向け

見どころ

現在の住宅所有者が、自宅の将来のあり方や想いを「活き家宣言書（いきや）」に記し、「活き家」登録を行うことで、適切なタイミングに活用や売却へ向けた行動に移せること。

1）概要

「活き家」とは、自宅を空き家にしないために、株式会社こたつ生活介護の管理する活き家名簿（非公開）に登録し、活用に向けたサポートや利用希望者とのマッチングを行うサービスです。

2）取り組み内容

　「活き家」の概要は以下の通りとなっています。

- 窓口へ相談に来られた住宅所有者に対し、自宅の将来のあり方や想いを聞き取り、「活き家宣言書」に記し、「活き家」登録を行います。
- 自宅の将来像のイメージを高めてもらうために、活用事例を記載した「活き家情報紙」を提供したり、「活き家見学会」に参加を促します。
- 建物の現時点での劣化状況を把握するために「ホームインスペ

「活き家の窓口」相談センター

自宅の活かし方、建物の老朽化、荷物の片付け、高齢者施設などについて相談（相談無料）。

「活き家」情報誌

実際に活用されている事例を掲載した情報誌を定期的に送付。自宅の将来について考える際の参考に。

「活き家」見学会

実際に活用されている事例の見学会を開催。実物を見たり、活用されている方の生の声を聞くことで、イメージが高まる。

「活き家」登録・宣言書

登録しておくことで、建物の活用を考えている方に情報提供・マッチングする。利用希望者と、時期や予算などの条件の整理を行う。こたつ生活介護は宅地建物取引業者として適切に仲介を行う。

自宅を空き家にしないために、所有者の思いを書き記して未来に託す。漠然としたイメージでも良い。自宅の将来について家族と話をするきっかけをつくる。

活用例

・地域の居場所：地域コミュニティサロン、カフェなど
・介護福祉施設：デイサービス、デイケア、グループホーム、老人ホームなど
・住居系：貸家、シェアハウスなど
・その他事業系：シェアオフィス、リモートワークオフィス、小売店舗、倉庫など

宣言例

・孫に住んでもらいたいな
・地域福祉のために使ってほしい
・かなり老朽化しているから、解体して駐車場かな？
・老人ホームの入居資金のために売却したいなど

劣化診断（ホームインスペクション）

住宅の設計、構造、施工に詳しい建築士などの専門家が、住宅の物理的な劣化や不具合の状況について調査し、欠陥の有無や補修すべき箇所、補修の時期などを客観的に検査する。

活用サポートや利用希望者とマッチング

図 3-6 「活き家」サービスの流れ（https://www.kotatsu.co.jp/ikiya を元に筆者作図）

クション（既存住宅現況検査）」を実施します。

- 高齢の所有者の心身の状況を把握するために「地域包括ケアシステム」を活用し、医療、介護、介護予防、生活支援などの関係機関との連携により見守りやケアサービスを行うなかで、活用や売却の適切なタイミングを図ることができます。
- 活用希望者に対しては、創業支援機関と連携して、空き家活用セミナーやワークショップ、妄想見学会、構想会議などのサポートや、「活き家」の登録情報を提供しマッチングを行っています。
- 以上のことにより、所有者が住まなくなるタイミングで、活用や売却が円滑に移行できるので、空き家の発生を抑制できるよう組み立てられています。
- なお、本事業は東京都の「令和2年度民間空き家対策東京モデル支援事業」に採択されています。

3）取り組み体制

- 株式会社こたつ生活介護は、「在宅介護事業（デイサービスやケアマネ事業所）」と「社会福祉不動産事業」を運営しています。「社会福祉不動産事業」の中で「居住支援チーム」が所有者の転居を支援し、「活き家チーム」が自宅の活用や売却の

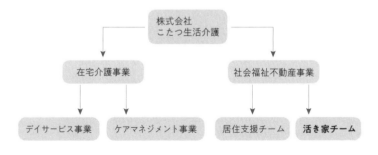

図3-7　チームの体制（株式会社こたつ生活介護提供資料を元に筆者作図）

マッチング支援を担当します。

4）取り組み上の課題

- 活用希望者には、空き家＝安価という感覚が根付いており、所有者の希望家賃とのギャップが大きいこと。
- 建築基準法など法令上の規制により活用が難しい場合が多くあること（用途変更、耐震性能や違法建築など）。
- 所有者は、居住用として活用を希望しているのに対し、活用希望者は、不特定多数や複数の団体がシェアする集いの場などコミュニティスペースとしての活用を希望したい場合に、所有者の理解が得られないことがあること。

5）活動資金

- 最終的にマッチングした際の売買・賃貸借契約による仲介手数料から収益を得ています。
- 建物所有者の約９割は売却を希望されるそうです。

6）取り組みの効果

- 2023年６月時点で「活き家」登録は延べ29物件。これまで、賃貸・売却を希望する所有者と活用希望者とのマッチング実績は、賃貸が3件、売却が6件、プロジェクト進行中が1件、売却予定が12件あるそうです。
- 宣言書を家の中の目立つところに置いておくことで、家族との対話のきっかけにつながったり、活用希望者とのマッチングが難航する中で改めて自分の想いを再確認できたりと、本来の目的を見失わないための役割も果たしているようです。

7）他地域への展開

- 空き家を活用した「住まい＆コミュニティの場づくり」を、行政や大学、社協、NPO法人などと連携し進めているそうです。
- 2022年度東京都起業家による空き家活用コーディネーター設置事業（21年度・22年度採択済み）。
- 住まい環境整備モデル事業『「多世代共生型令和の長屋プロジェクト」〜おひとりさまの自邸再生〜（採択）東京都日野市』で「活き家」登録物件にて、所有者と共同事業を実施されています（事業進行中）。

8）その他：担当者の声

- 福祉行政、社協、地域包括支援センター、創業支援機関などに空き家の相談はあるものの、いずれも「建物の処分・活用」に関する知識、ノウハウ、適切な連携先や方法を持ち合わせていないのが現状です。つまり「福祉」×「不動産」を合わせてできるところが少ない。
- 地域包括ケアは、医療、介護、住まい、介護予防、生活支援などが包括的に確保される体制です。こたつ生活介護は、もともと「在宅介護事業」を行っていたこともあり、既に福祉関係機関とのネットワークがあったが、その中で住まいに関する困りごとに対する支援の必要性を感じ「高齢者住まい相談室こたつ」を開設したところ、相談が集まるようになり、「居住支援」の取り組みが始まりました。また、空き家が社会問題化する中、持ち家に住んでいる方のケアマネから、「家はあるがお金がなく、適切な介護サービスが提供できない」などの相談や、在宅生活が難しくなった方の高齢者施設への転居相談、入居後の自宅の処分の相談などが入るようになり、「活き家」の取り組みが始まりました。地域包括ケアシステムに関わるス

テークホルダーがそれぞれの強みを活かし、連携することで、相談者の困りごとを解決に導くことにつながるのだと改めて実感しています。

9）類似事例

【実施主体】
NPO 法人グリーンバレー

【概要】
・徳島県神山町の移住交流支援センター（運営：NPO法人グリーンバレー）は、活用可能な住宅を事前に登録する仕組み「お家長生きプロジェクト」を開始しました。
・神山町では、空き家をIT企業のサテライトオフィスとして活用するなどの取り組みにより、移住を希望する人が増加しており、毎年80件前後の新規問い合わせがあります。しかし、実際に紹介できるのは年間10件程度にとどまっており、本プロジェクトはこの貸家不足を解消するために始まった取り組みです。
・家を貸したり売ったりする場合、本人や家族・親族で相談を行ってから「お家長生きプロジェクト」への登録を行い、いつか空き家になったときに、神山町移住交流支援センターが入居者を探す支援を行うものです。登録後提供される目印の札「お家長生き宣言」を玄関などに掛けることで「お家長生きプロジェクト」に参加していることを示します。

事例3
所有者の早期決断を促すための
きっかけづくり

・ 実施主体：NPO法人ふるさと福井サポートセンター（福井県）
・ 分類：意思決定促進/相談窓口/動画/所有者向け/事業者向け

見どころ

所有者の意思決定を促すため、「お金」「行く末」「気持ち」それぞれを整理するためのツールを開発。

1）概要

　NPO法人ふるさと福井サポートセンター（通称：ふるさぽ）は、建物所有者の早期決断を促すため、所有者の心理的障壁を取り除き、意思決定を促進することを目的としたさまざまな取り組みを行っています。

2）取り組み内容

　所有者の中には、建物の将来の早期決断に向け頭の中が整理できていない人が多く、それが空き家の市場流通を妨げていると言えます。その早期決断をスムーズにする3つのポイントとして、①「お金の整理」②「行く末の整理」③「気持ちの整理」をまとめてサポート。ふるさぽが開発した、所有者の意思決定を促す各種ツール「ふるさぽアイテム」を紹介します。

・ おねだんシミュレーションソフト

①「お金の整理」をするためのアイテムです。「うちの家はいくらで売れるの？」「解体するならいくらくらいかかるの？」といったお金の相談に対し、規模感をその場でイメージするためのお金のシミュレーションができるそうです。

　ふるさぽ曰く、「空き家の未来を検討するときには、大枠をイメージできる金額を知れれば良い」とのこと。したがってこのシミュレーションソフトには、複数の業者に連絡し現地で立会い見積りを取る、といった通常のステップを踏まなくても良いメリットがあります。あくまでイメージを持つだけの段階ということで、所有者の手間を軽減でき、かついろいろな価格を比較してあらゆる角度から未来を予想しやすくされています。

・決断シート
　②「行く末の整理」をするためのアイテムです。住宅の相続後、所有者に建物の将来の早期決断を促すため、家族とワークショップ的に話し合うことを目的としています。コミュニティデザインを専門とする株式会社 studio-L とともに考案されました。

　シート上にはたくさんの事例が書いてあり、家族で使う、貸す、売る、譲る、解体するといった選択肢のメリット・デメリットも記載されています。また、将来のことはなかなかイメージしにくいですが、30 年後、60 年後、家や家族がそれぞれどうなっているのかを、ワークショップのような形で家族で話し合えるシートとなっています。

・家の思い出レター
　③「気持ちの整理」をするためのアイテムで、家にあるいろいろな思い出をふるさぽが一つずつヒアリングし、それを形にします。形にしたものを思い出レターとして、そのお家に住む次の人に渡すそうです。

　建物の行く末を決断する際にハードルとなるのが気持ちの整

理。「思い出には個人差があるため、気持ちの落ち着かせ方を整理するために所有者に直接ヒアリングしています」とのことです。

・どうする？空き家

図3-8 「どうする？空き家」のウェブサイト（出典：https://akiya-ketudan.com）

決断のタイミングを知り、自分ゴトとして捉えてもらうためのツールで、6つの質問に「はい」か「いいえ」で答えるだけで、空き家に関する意思決定の緊急度を診断してくれます。ウェブサイト上で誰でも利用できるようになっています。

所有者の意思決定は早い方が良いものの、今やらないといけないのか、そうでないのかといった緊急度を判断できず、決断を先延ばしにしがち。それを解消し、所有者に早めの決断を促すツールとして役立ちます。

・空き家予防365

空き家予防のポイントを紹介する動画を YouTube チャンネル「空き家予防365」にて毎日配信。単なる空き家の予防だけではなく、「今日は何の日ですか？」という問いかけとくっつけ、読みやすくするなどの工夫がされています。例えば、次のようなテーマがアップされています。

・思い出の整理は時系列に整理しよう
・洋服を整理するのはファッションショーの気持ちで
・水回りから家は老朽化する

・ 空き家対策 for LINE

図 3-9 「空き家対策 for LINE」の解説（出典：https://furusato-fukui.com/home/?page_id=3116）

　「専門家に気軽に相談できない」「相談の次のアクションを起こしにくい」といった悩みを抱える住宅・空き家所有者に早期決断を促すため、直接相談することがままならない状況に対応し、LINE を使った相談窓口を開設されています。

　個別質問にはチャット形式で応じ、LINE の強みである、いつでもどこでも相談できる気軽さが売りとなっています。

３） 取り組み体制

- ふるさぽは、20名ほどで活動されています。一方活動範囲にも限界があるため、地域団体や集落へ講座を開き、地域の協力体制の構築も目指されているとのこと。そのように人的ネットワークを広げながら、地域の人の活動によって取り組みが進むよう、地域を動かす仕組みづくりに注力されています。
- また2016年より、美浜町役場と空き家対策に関する連携協定を締結し、役割分担しながら活動を進めています。協定によって一定の条件下で情報を共有することが可能であり、例えば美浜町を介さずとも、各地区の区長に直接アプローチするようなことも可能となっています。

４） 取り組み上の課題

- 空き家所有者が自治体に相談しても、自治体側は業者一覧を提供することしかできず、明確な回答が出せません。それでは所有者はなかなか行動に移すことはできません。ふるさぽでは、明確な答えを求める所有者に対し、できるだけその場の一度で問題が解決できるような回答を心がけているそうです。
- また、前述した取り組みは、相談に来てくれた人が対象となりますが、一方で相談に来ない人の方が圧倒的に多く、そのような人にどうアプローチするかが重要です。ご紹介した「どうする？空き家」もそのためのツールの一つです。

５） 活動資金

- 補助金に頼らず持続的な活動を行うため、コンサルティングやツールの販売など、ノウハウの提供で収益を得ています。ほかには、自治体からの委託や、有料動画サービス「空き家確保の

ための移住サポータースキルアップ講座」なども資金源となっているそうです。

6）取り組みの効果

・ 活動フィールドである美浜町では、空き家が0件となる集落も出てきているそうです。ふるさぽの取り組みがきっかけで、地域住民自らに空き家をなんとかしようと動く人が増えてきたことが要因と考えられています。

・ また、一般的にはまだまだ空き家に対する誤解や思い込みを持つ人が多く、広範囲に意識啓発を行う方法としては、ケーブルテレビを利用した情報発信の効果が高かったようです。

7）他地域への展開

　高知県の事業として、空き家の早期決断に向けた取り組み（早期決断に関する講演会、空き家決断シート、おねだんシミュレーションソフトの導入など）を6市町村で展開されています。

8）類似事例

【実施主体】
　NPO法人岐阜空き家・相続共生ネット（岐阜県）

【概要】
　岐阜空き家・相続共生ネットでは、建物所有者の活用や除却などの意思決定のために、正確な判断材料を提供するためのツールを構築しています。
　国土交通省が提供している電子国土、航空写真などの地図サービスを利用し、不動産取引価格情報や固定資産税評価額、競売売

却情報などとの関係を統計的に分析。そこからの情報（小学校区価格乖離など）を地図上に表示する不動産情報収集システム（空き家対策）を構築しています。また、その情報をもとにした「わが家の終活バランスシート」を所有者向けに提供しています。

事例 4
住居にまつわる高齢者の心配事を
一貫してサポートする、体制づくり

- 実施主体：NPO法人都民シルバーサポートセンター（東京都）
- 分類：老後支援/終活支援/住み替えサポート/相談窓口/所有者向け

見どころ

空き家になる前の住宅所有者の行動の選択肢の一つである「住み替え」や、それに関連する高齢者のさまざまな悩みを包括的にサポート。

1）概要

都民シルバーサポートセンターでは、高齢者のさまざまな悩みを一つの窓口であらゆる面から支援するサービス「継ぐサポ」「終活shien」を展開しています。

2）取り組み内容

- 継ぐサポ

弁護士、司法書士、行政書士、税理士、宅地建物取引士、不動産鑑定士、ファイナンシャルプランナーが連携し、独居や住み替え、相続、認知症などに関する支援の窓口を一本化したサービスを提供しています。

住み替え支援では、介護施設への入居サポートだけでなく、住み替え後の自宅を空き家にさせないための取り組みが行われています。立地や市場調査の上、不動産活用に適している場合は活用

の方法について提案したり、不動産事業者と連携し売却の相談対応をしているとのこと。その際には、都民シルバーサポートセンターが中立的な立場で条件や価格の妥当性についてチェックしています。また、不動産活用はせず、空き家のままにしておきたいものの、定期的に見てくれる人がいない場合は、提携している「空き家shien」に管理を委託することも可能になっています。

　住宅が空き家になる理由は、ただ放置するからだけではありません。所有者が認知症になったり、売却にあたり相続手続きがされていないなどのさまざまな問題が絡み合い、物事が前に進まず結果として空き家になることもあります。都民シルバーサポートセンターでは、このように複合的に発生する問題にも対応できる体制を有しています。

・ 終活shien

　身の回りのサポートをしてくれる人がいない、介護施設入所や入院時の身元保証人となれる人がいないなどの悩みを解決する生前サポートや、葬儀・納骨、その他諸手続き、遺品の整理などをサポートする逝去後サポートをしています。施設入居に伴う身元保証人のいない人や、生活にまつわる身の回りのサポートをしてくれる人がいない独り身の高齢者などに向けたサービスです。

3）取り組み体制

・ 都民シルバーサポートセンターは2021年に設立されました。前身である日本シルバーサポート協会における活動で、「どこの誰に相談したら良いか分からない」という悩みを抱える高齢者が多かったことから、その解決に向けてNPO法人が立ち上げられました。NPO法人となったことで、行政とも連携しやすくなったそうで、現在も社協や地域包括センターと連携しながらセミナーなどさまざま活動をされています。

●独居支援
L身元保証
L死後対応

●住み替え支援
L介護施設入居
L自宅売却
L引っ越し、家財処分

●在宅支援
L見守り
Lバリアフリー工事
L介護資金捻出
L在宅介護相談

●認知症支援
L後見のこと
L財産管理

●相続支援
L運営のこと
L相続税のこと
L承継のこと
Lエンディングノート

図 3-10　5 つの高齢者支援（https://tsugusapo.com を元に筆者作図）

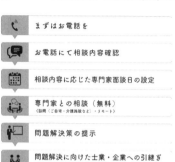

図 3-11　相談の流れ
（出典：https://tsugusapo.com）

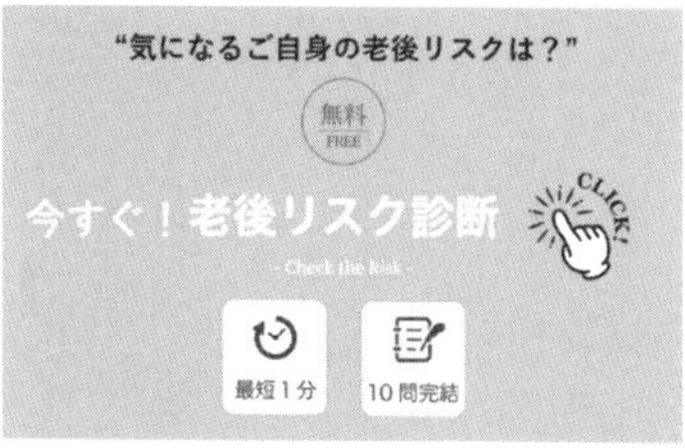

図 3-12　老後リスク診断のウェブ画面（出典：http://tsugusapo-shindan.com）。10 の質問に答えるだけで自身の老後のリスクと対策が簡単に分かる無料診断サービス

生前サポート	逝去サポート	
介護施設入居者向け	死後事務	
身元保証　生活サポート	各種申請・届出・連絡	家財処分・遺品整理
	火葬	病床整理
在宅生活者向け	納骨	医療費・公共料金精算
生活サポート　見守り	ご葬儀（永代供養は別途）	遺言公正証書原案作成

オプション
（継ぐサポサービス）
・財産管理委任契約
・任意後見契約
・尊厳死宣言公正証書
・家族信託
・空き家管理

図 3-13　サポートの内容（https://www.hs-tokyo.net/mimoto/ を元に筆者作図）

- 相談対応は基本的にNPO法人の社員が行っています。構成メンバーそれぞれが得意分野を活かしながら、イベント対応、相談対応、行政のフォロー、連携企業先の発掘などと役割を分担しています。
- 業務提携する業者は、基本的には紹介されて連携することが多く、一度仕事をしてみて提携するかを決めることもあるそうです。一方で、ウェブ上で調べた企業（引っ越し業者）と提携することも。その際に重視するのは、HP上での分かりやすい金額表示などだそうです。あくまで高齢者目線となっているかどうかを第一とされています。

4）取り組み上の課題

- 日本では空き家発生予防の意識がまだまだ低く、事前の対策が重要であることをいかにして伝えるかが課題。
- 核家族化により、家族間の心の距離が大きくなってしまっている事例がよくあります。たいていの場合、会話が足りていないケースが多く、都民シルバーサポートセンターが間に入り、すれ違いを解消しています。「家族間でできることは家族で解決してもらい、それ以外のことは専門家につなぐというやり方が望ましいと考えています」とのこと。
- 相談窓口への相談は、たいてい所有者（高齢者）側です。一方で、相続人側へのアプローチも必要と感じているそうです。

5）活動資金

- 主に会員費（正会員・賛助会員）や寄付金によって活動が成り立っています。

6）取り組みの効果

　年間 200 件の相談があるそうです。そのうち、約 20% が不動産関係の相談とのこと。

7）他地域への展開

- 現在、世田谷区の社協や、地域包括センターなどと連携して一連の取り組みをしていますが、まずは、この世田谷での取り組みをモデルケースとして確立し、他地域に展開したいと考えているそうです。なお、現在は目黒区方面にも波及。地域包括センターの一員としてNPO法人が連携することで、スピード感をもって対応することが可能になっています。
- 高齢者だけでなく、子（相続人）を対象としたアプローチについても検討したいと考えられています。

8）類似事例

- シニア世代に向けた居住支援の提案

- 【実施主体】
  株式会社ケア・フレンズ（福井県）

【概要】
　ケア・フレンズは、空き家予備群（65 歳以上の単身世帯高齢者）に対して、空き家になる前にできることを訴求し、空き家を借りたいと希望する方（若年層や移住者、福祉関係者など）と早期にマッチングさせる仕組みづくりを行っています。
　ポータルサイト「空き家 Terrace」を開設し、戸建て所有のシニア世代には居住支援の提案を、空き家入居希望者には 360 度

VRなどを活用した詳細な物件情報を提供し、空き家を借りたい方との早期マッチングが実現しています。

事例5
空き家対策の担い手を育成する、
意識啓発の場づくり

・ 実施主体：太宰府市空き家予防推進協議会（福岡県）
・ 分類：担い手育成/セミナー/相談窓口/事業者向け

見どころ

　自治会単位での困りごとに対し自ら行動できる人が増えるよう、住まいを空き家にしないための意識啓発を目的とした「担い手育成」のカリキュラムや、相談窓口の運営マニュアルの作成など、システム化を図っている点。

1）概要

　太宰府市空き家予防推進協議会（以下「協議会」）では、太宰府市をはじめとした地域住民の豊かな暮らしを目指し、自治会や福祉関係者などの地域団体を対象とした空き家予防の担い手育成、住宅（空き家）相談窓口の設置、空き家予防のためのセミナー開催など、空き家の発生を未然に防ぐ仕組みづくりをしています。

2）取り組み内容

　協議会では、「空き家の予防は、個々の組織や団体では限界があるため、自治会単位（地域ぐるみ）で対応できる体制づくりが必要」という考えのもと、住まいの問題や課題に対し、自ら行動できる人材を育て、自治会単位のレベルで行動できる人が増えるよう教育面に力を入れています。そこには、地域のファシリテーターとして、空き家だけでなく、地域のさまざまな困りごと（災

害時の避難など）にも対応できる人を育てたいという想いがあります。そこで、自治会や福祉関係者などに向け、住まいを空き家にしないための意識啓発を目的に、担い手育成のアドバイスなどを行っています（空き家管理、相談窓口での対応、空き家予防対策など）。

　なお、本取り組みは平成 30 年度～令和 2 年度 国土交通省「空き家対策の担い手強化・連携モデル事業」、令和 3 年度「住宅市場を活用した空き家対策モデル事業」に採択されています。

・ 空き家予防担い手セミナーの開催
　自治会や社会福祉協議会、民生委員などを対象に、自宅の終活に関するセミナーを開催し、受講者自身が「相談員」として、相談された際にアドバイスできるよう育成しています。

・ 空き家予防の担い手育成セミナーのカリキュラム作成
　担い手セミナーの内容などを取りまとめたカリキュラムを作成。受講者が各メニューの概要を把握したり、セミナープログラム作成の参考にしたりできます。セミナーのカリキュラムは、受講者の要望に合わせて設定されています。

・ 対話集の作成
　住宅所有者の意識啓発促進のため、相談窓口での相談事項や座談会での悩み事、自治会での話し合いなどの結果をまとめ、その内容をケース別に整理した対話集を作成しています。

・ くらしの相談窓口 運営マニュアルの作成
　住民から住まいに関しての悩み事を相談された際の、窓口としての対応方法やフロー、相談に対する心構えなどを記載したマニュアルを作成されています。

わがまちの 今とこれから	人の終活	家の終活 （片付け）	家の終活 （空き家のリスク）
人口減少問題	エンディングノート とはなにか	「片付ける」とは どういうことか	空き家の現状
高齢化問題	エンディングノート の書き方	頭を良くする 片付けトレーニング	空き家の持つ リスク
女性の活躍・ 高齢者就労	葬式の現状変化	片付けると 何でもできる	特定空家について・ 空家対策特別措置法
止められないこと できること	日本人の死生観	親子塾	民事信託（家族信託） の活用
人生100年 時代に向けて			空き家管理の具体的 な取り組み方
地域活性化の 5段階			

図 3-14 カリキュラムの内容（「空き家予防の担い手育成セミナーカリキュラムリスト」）（https://www.mlit.go.jp/common/001378995.pdf）を元に筆者作図）

図 3-15 マニュアルのサンプルページ（提供：太宰府市空き家予防推進協議会）

図 3-16 マニュアルのサンプルページ（提供：太宰府市空き家予防推進協議会）

・担い手育成のためのオンラインサロンの開催

　新型コロナウィルスの関係で、気軽に移動できないことなどを踏まえ、協議会がアドバイザーとなり、オンラインを通じたサロンまたは、常時双方向で相談のコミュニケーションが取れる体制づくりを行っています。

図 3-17　オンラインサロンのようす（提供：太宰府市空き家予防推進協議会）

図 3-18　オンラインサロンのようす（提供：太宰府市空き家予防推進協議会）

3）取り組み体制

・太宰府市と空き家に関する連携協定を締結し、一定の条件下で情報の共有が可能だそうです。また、市はいろいろな団体・協会とつながっていることから、取り組み内容に応じて最適な団体と連携することが可能になっています。

・シルバー人材センターや商工会などのあらゆる地域団体とのパイプ役を協議会が担っており、それぞれが得意な分野・範囲を活かしながら連携を図っています。

・空き家予防の担い手となる民生委員や自治会、福祉会などは、通常業務で忙しく、対応が難しい場合も。その場合にも、「情報のつなぎ手」として行動してもらえるような体制づくりを進めています。

・担い手の育成により、その意識が地域全体に浸透し、一人ひとりが今後の住まいに関心を持ち、住民全員で地域を見守るよう

な体制の構築を目指しています。地域住民の情報は隣人が一番知っています。「人とのつながりをつくり、連携体制をどう構築するかが重要です」とのこと。

4）取り組み上の課題

- 空き家が地域の問題であることが住民に伝わりにくいと感じているそうです。当事者は高齢で理解してもらいにくいこともあるため、相続人（子ども）世帯にもアプローチしています（親子で参加してもらうなど）。両方に発信し続けることが重要と感じているそうです。
- 地域住民の方は、終活・片付けに関する関心が高い傾向にあり、「楽しみながらできることがポイント」です。自分の代で終わりにしたいという人も多いため、そこでサポート、つながることができるかが課題です。
- まずは困りごとの解決に真摯に寄り添い、そこには行政のバックアップも必要です。そのため、「行政側にもファシリテーターを増やしてほしい」と考えています。

5）活動資金

- 紹介した取り組みはほぼボランティアで行われているそうです。取り組みを経て生まれたつながりが別の業務（リフォーム、片付け、売却など）につながり、収益を得ることもあるのだとか。「活動自体を自走化するためには、今のところ別のところから収益を得るしかありません」とのこと。
- 行政からの委託でZoomでの相談会をしています。物件の下見をしつつ、相談内容を把握し、最適な解決方法を提示されるそうです。相談内容としては、モノよりもコトに関する相談が多い傾向にあるようです。

6）取り組みの効果

- 活動の1年目は相談件数が10数件しかありませんでしたが、2年目以降は5倍以上になったそうです。固定資産税納税通知書に相談窓口などを掲載した効果が高かったとのことです。
- セミナーの参加者集めについて、当初はチラシをつくって募集をしていたものの、なかなか参加者が集まりませんでした。そこで自治会のトップ会議などに参画し、周知してもらうことで徐々に集客を増やしていったそうです。ほかに、民生委員による声かけやコミュニティセンターとの連携による募集も効果が現れているようです。
- 「この取り組みは行政の協力なしには進めることができません」とのこと。協定を締結するまでにも多くの時間がかかったそうです。

7）他地域への展開

- 太宰府市での活動を通じてつながりのできた市町村（東京都世田谷区、群馬県長野原町、福岡県筑紫野市、福岡県篠栗町）や、福岡県空き家活用サポートセンター「イエカツ」を通じた講演などに展開しています。
- 福岡県でのセミナーは、最初は県の大きな施設で実施していましたが、そこまで参加者が集まるわけではないため、より小さな自治会単位で開催したいとの要望が県からあったそうです。
- 意識の高い自治会が一堂に会するサミットを計画しています。横のつながり（口コミ）によって、活動の波及を狙われているようです（行政から言われても動かないが、周りの自治会がやっているなら自分たちもやってみるか…という意識）。

8）類似事例

【実施主体】
　木更津市（千葉県）

【概要】
　指導・助言、代執行など危険な空き家への対策と同時に、危険な空き家の発生予防を目的とし、そのための連携体制を構築する担い手育成をしています。木更津市空き家対策の重点区域の市政協力員へガイドブックを配布し、内容について説明することで、地域の内情に詳しく、普段から近隣住民と接している市政協力員が "担い手" となり、早期の問題発見、対策開始につながっているようです。

おわりに

　本書の執筆も大詰めに入った 2023 年の 2 月、国土交通省の空き家対策小委員会において「今後の空き家対策のあり方について」のとりまとめが発表されました。わが国の空き家対策の羅針盤となるものですが、まさに私たちがこれまで取り組んできた「空き家を生まない（あるいは空き家を早期に活用する）」ことに主眼が置かれた内容でした。今後は、この方針に従って、本書のタイトルでもある「空き家になる前の空き家対策」への期待がより一層高まってくるものと予想されます。一方で、残念なことですが、現時点ではそのような対策はまだまだ限られています。

　本書で紹介した「空き家を生まないコミュニケーションアプローチ」は、その限られた方法論の一つですが、2019 年にプロトタイプが開発されてから、まだ 5 年です。このアプローチの枠組みは出来上がったものの、改善の余地はありますし、これからはこの枠に留まらない柔軟な発想も必要になってくると思っています。たとえば、「地域の特性にあわせてカスタマイズしたい！」や、「最も望ましいタイミングをピンポイントで特定したい！」、あるいは「マンションの所有者を対象にしたい！」などなど、いずれも私たちの方法論を応用して対応できそうですが、より効果的な手法にするために考えるべきことは山のようにあります。さらには、住宅所有者ではなく、相続する可能性のある子の世代へのアプローチも必要ではないのかという議論も私たちの中にはあって、このアプローチの発展可能性は無限にあります。本書を手に取っていただいた読者の皆様によって、「空き家を生まないコミュニケーションアプローチ」が、さまざまな地域で、さまざまな主体で、

さまざまな工夫のもとで実践され、それら現場のノウハウが蓄積され、そして共有されることによって、この方法論をより進化させていければ非常に有難いことです。

　冒頭でも少し触れましたが、2020年1月に、岡山で空き家対策の第一線で活躍する方々（行政や士業の方々など）に、「空き家にさせないための岡山モデルを一緒に作りませんか」というメールを送らせていただきました。すると思いもよらず、たくさんの方々からとても前向きなお返事をいただきました。そのときは何か予算があったわけでもなく、あるものは熱意だけでしたが、「（これで）岡山モデルはできる」と確信したことを思い出します。その結果、本書にも一部の方々にご登場いただきましたが、たくさんの素晴らしいメンバーとともに岡山モデルをつくりあげることができ、それを一般化した方法論「空き家を生まないコミュニケーションアプローチ」を世に出すことができました。よくありがちな、あて職によるプロジェクト体ではなく、参加されたメンバーの方々それぞれが参加意義を見出してくれて、自ら手を挙げてくれた方々ばかりであることは、今回のプロジェクトを運営する上でも、とても重要な要素だったとあらためて感じています。

　加えて、このプロジェクトで感じたことは「コミュニケーション」の大切さです。その思いをそのままに手法のネーミングにも加えました。住民の方々に対する丁寧なコミュニケーションによる信頼関係の構築こそが、手を抜いてはならないポイントだからです。なお、直接的な会話だけでなく、配布する資料なども含めて細部への気遣いが必要です。どこかの誰かもよく分からない人たちの取り組みに関心をもってくれる人はいません。時間をかけてでも、人と人とのつながりを作っていきましょう。丁寧なコミュニケーションは、住民の皆さんのより多くの行動変容にもつ

ながります。

　最後になりましたが、この手法の枠組みを作り上げる過程には、たくさんの学生と過ごした時間がありました。そのすべてはとても書ききれませんが、とりわけ、卒業生の和氣悠さんや水野彩加さんとのディスカッションは、空き家対策の現状や課題、問題点を分析・整理し、「現場で何が求められているのか」、「私たちはいま何をやるべきか」を考える上でとても有意義でした。そして、中島恵太さんとは、この手法のプロトタイプの開発に、河田侑弥さんとは、その手法の改良に、私たちとともに真剣に取り組んでいただきました。このほかたくさんの方々に、さまざまな形で関わっていただきました。この場を借りて、御礼申し上げます。

　さらに、株式会社出雲路本制作所の中井希衣子さん（前・株式会社学芸出版社）には、私たちの原稿に対して、的確なコメントをいただき、またデザイナーの大塚誠也さんには、本全体としても非常に読みやすいレイアウトやデザインにしていただきました。このような形で全国にご紹介する機会をいただきましたこと、深く感謝申し上げます。

2023 年 7 月　氏原 岳人

著者略歴

氏原岳人 （うじはら たけひと）
（執筆担当：p.3-7, p.12-20, p.44-116, p.155-157）

岡山大学学術研究院環境生命自然科学学域 准教授
1981年、高知県高知市生まれ。岡山大学大学院環境学研究科博士後期課程修了。日本学術振興会特別研究員(DC1)、ポートランド州立大学客員研究員などを経て、2016年より現職。博士(環境学)。専門は都市計画学・交通計画学。著書に『世界のコンパクトシティ』（共著、学芸出版社）など。

石田信治 （いしだ しんじ）
（執筆担当：p.21-41）

宅地建物取引士、不動産コンサルティングマスター、不動産カウンセラー1972年、岡山県岡山市生まれ。青山学院大学経済学部を卒業後、株式会社岡山不動産鑑定事務所をはじめ不動産会社にて不動産調査や仲介業務に携わる。国土交通省補助事業の採択をきっかけに空き家対策業務を開始。2016年、一般社団法人岡山住まいと暮らしの相談センターを設立し、理事・事務局長に就任。空き家のワンストップ相談窓口の活動をしている。

織田恭平 （おだ きょうへい）
（執筆担当：p.44-116, p.118-153）

中電技術コンサルタント株式会社都市整備部、岡山・空き家を生まないプロジェクト事務局
1987年、香川県三豊市生まれ。岡山大学大学院環境学研究科修士課程修了。技術士（都市及び地方計画）。都市計画・まちづくりを専門とし、住宅団地再生や中心市街地活性化などの各種プラン策定に従事。

空き家になる前の空き家対策
所有者とともにまちを変える方法

2023 年 8 月 1 日　第 1 版第 1 刷 発行

著者　　　氏原 岳人・石田 信治・織田 恭平

発行者　　井口 夏実
発行所　　株式会社 学芸出版社
　　　　　京都市下京区木津屋橋通西洞院東入
　　　　　電話 075-343-0811　〒 600-8216
　　　　　http://www.gakugei-pub.jp/
　　　　　info@gakugei-pub.jp

編集　中井 希衣子（株式会社 出雲路本制作所）
デザイン・イラスト　大塚 誠也
印刷　イチダ写真製版
製本　山崎紙工

好評発売中

世界の空き家対策
公民連携による不動産活用とエリア再生

米山秀隆 編著、小林正典・室田昌子・小柳春
一郎・倉橋透・周藤利一 著
四六判、208頁、2000円＋税

アメリカの空き家対策とエリア再生
人口減少都市の公民連携

平修久 著
四六判、288頁、2500円＋税

空き家の手帖
放っておかないための考え方・使い方

六原まちづくり委員会・ぽむ企画 著
A5判、92頁、1000円＋税